현대시세계 시인선 187

우리는 얼마나 오래 우리를 기억할까

김점미
시집

우리는 얼마나 오래 우리를 기억할까

김점미
시집

시인의 말

2022년과 2025년 사이
시간은 아프게 흘렀고
의도하지 않았으나
나는 나를 기록하지 못했다.

애초에 없었던 시간처럼
의도하지 않은 채로 흐르는
인생을 바라보기로 했다.

이번 시집을 묶으면서
나는 스스로에게
치유의 시간을 선물할 수 있었다.

2025년 11월
김점미

차례

시인의 말 5

1부 이 눈먼 시절이 끝나면
가여운 평화 · 13
민어탕 · 14
불편한 안부 · 16
오늘은 그의 진혼곡이 울려 퍼지고 · 18
거짓말의 거짓말 · 21
인형극놀이 · 22
새봄, 오 새봄아! · 24
호미 · 27
그날의 보고서 · 28
종점 · 30
잘못된 만남 · 32
다시, 촛불 · 34
이태원 민들레 · 36

2부 수십만 분초의 기억

작은 새 · 39

일기예보 · 40

호미 · 43

외줄타기 · 44

점점 아름다워지고 있다 · 46

다향다방 · 48

아직도 자니? · 49

핸드크림 · 50

귀가 · 52

교수巧手 J · 54

부서진 낙원 1 · 56

부서진 낙원 2 · 58

이제, 창문을 열어주세요! · 60

돌에 대한 소고 · 63

3부 나는 오래된 도시의 향기를 떠올려요

깜짝한 반전 · 67

베를린아, 베를린

1. 슈테글리츠 · 68
2. 하나우어슈트라세 · 71
3. 쿠담 거리 · 73
4. 밤의 이방, 노이쾰른 · 74

마리안나 베드나르스카 · 76
시간의 색채 · 78
주책공사 · 80
운수 나쁜 날 · 82
결혼식 마지막 날 · 84
치통 · 86
사람이 된 섬 · 88
호미 · 89
기청제祈晴祭 · 90

4부 넌 또 어디로 간 거야?

안부 밖의 안부 · 93
화이트초콜릿 · 94
함께였다는 빈말 · 96
아픈, 그러나 아프지 않은 · 98
잔디 깎기 · 100
오란다 · 102
사라진 소리 · 104
금정金井에 앉아 · 106
단잠 · 107
용다리 불꽃쇼 · 108
여름밤, 사라진 왈츠의 기억 · 110
호미 · 112

해설 시간의 색채와 풍경의 이면 / 김정수 · 114

1부

이 눈먼 시절이 끝나면

가여운 평화

예전에는 운동장 한켠 높은 기둥을 박고 그 끝에 사오 층으로 지은 집에서 살았어. 그때 우리는 거리 퍼레이드가 없으면 각기 자유롭게 허공 위 집으로 오르락내리락 밥 싸움 없이 사이좋게 지냈지

비둘기는 평화의 상징이었지만 이젠 한 귀퉁이로 몰려드는 천덕꾸러기. 사람들이 던져주는 아무런 모이에 탐욕이 더해져 눈은 점점 어두워져 더 이상 날 수 없는 새가 되었지

땅에서 지내며 배운 돈의 위대한 가르침은 숭고한 상징 따위는 수시로 짓밟고 상징의 깃대도 자주 꺾어진다는 것

오늘도 광장 모퉁이에는 눈먼 비둘기들, 출처 없는 묵은 쌀알에 바친 영혼으로 다가오는 위협도 잊은 듯 모이를 쪼아대니

이런, 평화의 굴욕적인 식사가 이미 시작되고 있군!

민어탕

지금이 시즌이란다
퍼덕이는 비늘이 아침마다 살아 오르는
그런 시즌이란다

요리연구가는 말한다
민어탕을 끓이려면 살아 퍼덕이는 놈보단
햇볕에 오래 걸려 있던
완전히 마르지도 축축하지도 않은 놈이 비린내 나지 않는다고

온전히 향과 맛을 즐기려면
맹물을 끓이고 통후추 몇 알과 소금만으로
너무 짧지도 길지도 않은 시간이 매치 포인트!

담백하고 시원한 여름을 먹는다
맑은 국물 한 숟가락 목구멍에 넘기자
부욱~ 부욱~ 부욱
입안에서 민어가 운다
퍼덕이는 비늘이 운다

서민이 사라지는 시즌에 먹는
서민[民魚] 생선탕
제 살을 파먹는 고통이 울컥 눈물을 만들어
싱싱한 순수는 반만 상하게
딱딱한 이기심은 반만 물렁하게

그래서 민어탕은
짙은 양념으로 속내 감춘 매운탕 대신
담백한 싱건탕이 제맛

세상이 제아무리 난세라 하여도
지금이 시즌이란다, 퍼덕이며 살아 오르는 비늘의 힘으로
지극히 정의롭고 지극히 상식적인
가장 보통의 밥상을 위하여
맑고 담백한 민어탕, 다시 끓일 시즌이란다

불편한 안부

 이번 시즌 콘셉트는 똥배입니다. 다들 나란히 서서 배에 집중해보세요. 오! 배의 휠진 모습도 각양의 얼굴만큼이나 다양하군요. 한때는 인격에 비유되기도 했지만, 오늘의 똥배는 남녀노소 불문하고 타파해야 할 적군이지요

 정말 오랜만이지? 잘 지냈니? 응, 잘 지냈어. 너도? 응
 아주 오래된 안부는 무척 짧아. 일 초의 반가움이 지나면 지루한 입으론 쌀국수 넘기는 소리뿐. 상대의 눈을 맞추지 않고 던지는 그녀의 무뚝뚝한 이야기는 끊임없이 나를 방관자로 만들었지. 어색한 아이라인이 쌀국수 안으로 빠져들며 그녀는 점점 낯설어지고 나는 후회했어, 이 시간을. 여고 시절이 녹아 사라지고 학생운동으로 숨어다녔던 그녀에게 내 방을 내주었던 때. 일 초의 긴박함이 모든 말을 흡입하고 흰 쌀밥과 고등어구이로 인사했었지, 조심해, 조심해!
 삼십여 년 동안 대부분은 잊고 지냈던 나의 반가움은 그녀가 내뱉는 혀의 불친절과 무례 앞에 방향을 잃었고 건조한 말투에 공격당했지, 그녀는 우리의 기억을 지운 듯했지

 똥배가 생기면서 사람들은 각각의 방향으로 떠나갔어요
 파란만장한 파도는 모두에게 몰아쳤지만 삶은 휘어지

되 전복되진 않았어요, 한바다의 요트처럼. 나는 시와 영화로 똥배를 채우고 양념으로 사랑을 얹었어요. 과격했던 그녀는 어떤 똥배를 가졌을까요? 궁금하진 않아요, 눈 맞춤은 신뢰죠. 지금의 그녀는 나를 신뢰하지 않나보죠, 어쩌겠어요. 그냥, 우리는 마주 앉아 겉도는 세상 이야기로 킬링타임 하고 있었나봐요

   시즌 콘셉트에 맞게 다들 나란히 서서 똥배에 집중하세요. 욕망의 종류와 강도에 따라 달라지는 모습, 절제하지 않으면 터져버릴 배, 마구 삼키지 마세요

   세상이 두 조각나면서 똥배의 모양이 변하기 시작했어요 어머니처럼 봉긋했던 똥배, 예쁜 봉분이 탐욕으로 울퉁불퉁해지고 지독한 편견들이 내장 곳곳을 오염시키고 악취를 풍겼어요. 봉긋한 봉분과 찌그러진 똥배 사이 자리 쟁탈이 시작되었어요. 아~ 배가 찢어지려고 해요, 주말마다 광장이 쩍쩍 갈라지고, 똥배 왕 떼거리는 평화로운 봉분을 강탈하려 해요. 똥배 왕의 공정한 세상은 똥 같아요. 불어나는 똥배 안의 넘치는 똥은 파멸로 가는 급행열차, 재빨리 갈아타야만 해요, 제발 정신 좀 차리세요!

오늘은 그의 진혼곡이 울려 퍼지고

이제 가야 할 시간
길은 멀리까지 열려 있고 바람은 길잡이가 되고
해는 점점 기울어

가볍게 불어오는 작은 종소리
눈을 감고 바람을 따라가

세상에서 가장 건조한 땅, 시간을 거슬러도
까칠한 먼지만 피어오르는 아픔의 땅,
세상 어디에나 생길 수 있는 사막, 아타카마로
그곳에 묻힌 얼굴도 이름도 모르는 수천의 사람들을 만나러

문을 열자
빛보다 먼저 울리는 가냘픈 종소리
800개의 바람이 내는 작은 영혼의 울음소리
흐릿한 초상화의 검은 무덤을 지나

벽은 사막을 향해 열려 있고
아니미타스*가 상영 중인 사막 한가운데서

상심에 빠진 볼탕스키와 함께

사람이 사라진 건조한 모래바람이 끝없이 흩어지는 바다
한번 떠나면 다시는 돌아올 수 없는 거칠고 어두운 바다
둥둥 떠다니는 앳된 아이들의 불안한 얼굴들
닫힌 문 닫힌 벽 닫힌 하늘만 있었던 도시 한복판
맑고 건조하고 새파란 모래에 꽂힌 통곡하는 영혼의 물결
흩날리는 꽃송이들

누가 타인의 삶과 죽음을 재단할 수 있나?

   제2차 세계대전 중에 태어나 평생 홀로코스트의 트라우마로 죽음 곁에 살았고
   작품으로 죽음을 초월하며 살았던 크리스티앙 볼탕스키의 눈물
   변명과 조작과 부패는 여전히 선량을 짓밟으며 웃고 있기에
   가면 쓴 홀로코스트는 여전히 우리 곁에 숨어 있기에

   오늘은 그의 진혼곡이 울려 퍼지고

팽목항 시퍼런 바닷속 304개의 종소리
이태원 골목길 휘도는 159개의 종소리
조문도 없이
세상의 이편과 저편을 유영하는 아니미타스의 바람

다시, 문을 열자
공기보다 먼저 숨 막는 새빨간 거짓말들
수만 가지 미소로 선량하게 웃는 마녀의 웃음소리
찢어진 눈꼬리에 앉은 섬뜩한 바이러스
울퉁불퉁 찌그러진 오늘, 이곳은

마녀의 시대

*아니미타스 : 볼탕스키가 칠레의 아타카마 사막에 만든 작은 영혼이라는 뜻의 작품명. 칠레의 독재자 피노체트가 정치범 수천 명을 이곳에 매장시켰다고 한다. 이를 추모하기 위해 후린 800개를 사막에 꽂고 바람에 흔들리는 모습을 13시간 동안 촬영한 영상이다.

거짓말의 거짓말

이번 시즌 콘셉트는 똥배입니다.

그 여자, 손가락으로 선율을 짜고는 있지만 공허한 시야는 창밖을 지나는 살진 고양이의 비애를 읽지 못하고 건반 사이로 비집고 나오는 욕망을 감추려다 어느새 불어난 탐욕의 주름에 사로잡힌 채 영혼 없이 건반만 두드렸다 진한 화장으로 표정을 감추며 웃음을 뿌려도 허기진 욕망으로 뚱뚱해진 마음은 점점 무거워졌다 여자의 마음에 가득 찬 저 독, 발바닥 아래 감추어놓았지만 친구의, 선배의, 동료의 아름다움이 너무 눈부셔 여자는 그대로 눈이 멀고 말았다 그대로 마음이 썩고 말았다 안타까워라! 불안에 사로잡힌 여자는 피아노 치던 저 손으로 양심을 꺼내 바다에 던져버리고 건반을 칼날 삼아 그들의 행복을 훔치기로 했다 욕망의 거대한 포식자가 된 여자의 똥배는 점점 불어나 자신의 얼굴까지 먹어버린 흉측한 괴물로 변하고 피아노는 괴성을 지르며 무너지기 시작했다.

인형극놀이

당신은 제 자존심을 구겼어요.

요즘 뉴스를 본다는 건 고문이죠. 하늘 위로 떠다니는 소문 때덕에 하루에도 몇 번이나 바뀌는 하늘색 제발 그만 좀 올리시죠. 벌써 전쟁터 된 하늘에 부끄럽지 않아요? 미끈하게 차려입은 당신, 말쑥한 척 치장한 당신, 옷깃 사이로 터져 흐르는 돈다발, 호 탐나는데요 어때요, 오늘 산 고귀한 가방 속에 쑤셔 넣고 착한 배지 하나 부적으로 걸어둘까요?

거리로 뛰쳐나온 인형들이 울고 있어요. 오늘은 극장 천장에 구멍이 났나, 하늘이 뻥 뚫려 온 세계의 눈물을 쏟아내고 있어요. 위태로운 제방이 전쟁터같이 아찔하고 매달려 있던 팔다리가 떨어져 나가고 있어요. 더 이상 무대는 없어요.

고장난 극장에서 누가 당신을 부를까요?
인정도 양심도 상식도 없는 거리 탈취자인 당신, 오만한 악취를 여기저기 향수로 뿌려대며 이집 저집 쑤시고 다니는 걸 모두 알고 있잖아요. 기억이 없는 거리에서 기억을 잃을 순 있어도 지울 순 없어요. 당신도 한때 배고픈 유랑

극단 속 인형이었죠, 정겨운 당신 이름 못난이 삼 형제는 꽤 인기 있었죠.

첫 순간 몰라볼 뻔했어요, 바비로 변한 당신, 요술 지팡이를 주웠나요? 내일은 유리잔에 숨겨둔 음흉한 꿈을 타고 차디찬 발트해로 떠난다지요. 홍수에 둥둥 떠도는 형제의 고통도 팽개치고 가설무대 여왕 행세나 하는 바비. 궁색한 변명은 패자의 어록에나 기록하시고 두 손 가득 치장한 손가락 사이로 터져 흐르는 오직, 탐욕의 꼬락서니가

숭고한 제 자존심을 심하게 구겼어요.

새봄, 오 새봄아!

 오늘은 역사적인 날이란다, 나는 브레멘에서 베를린 슈
틸러슈트라세*까지
 처음으로 차를 몰고 달렸단다, 아우토반은 한적했지만
 나도 모르게 높아져 가는 속도는 역사의 변곡점
 나는 흥분되어 있었고
 이 마지막 흥분이 너에게 줄 필연의 의무임을 알기에

 차창 밖으로 흩어지는 나와 너의 20대가 보여
 나와 너는 40여 년 시간을 유영하는 하나이기에

 서울의 봄**이 헤집었던 상처의 가장자리가 사라지기도
전에
 새로운 생채기를 만든 늑대무리
 이건 용서할 수 없는 문제야
 너의 봄을, 너의 젊음을, 너의 자유를 앗을 권리는 없어
 황금보다 빛나는 청춘, 새봄아!

 어둡고 긴 터널을 지나온 피의 대가는
 온전히 네 시대의 평화를 위한 행보였기에
 세상은 여전히 평화롭게 빛날 거야, 새봄아!

터널이 아무리 길어도 그 끝에 서면
세상은 다시 열리고 환희로 경이롭게 빛날 거야
그 겨울 키세스 시위대***의 용기와 힘은 지킬 거야, 너의 새봄을!
나는 너의 눈을 보았어
결단코 단호한, 그러면서 다정한 미래의 시선을

새봄, 오 새봄아!
한겨울 척박한 땅을 뚫고 싹 피우는 자,
세상 모든 힘과 용기를 가진 자,

나는 오늘 너에게
내가 지켜온 평화와 행복을 보내려 왔단다
눈부신 내 제자, 새봄아!
이제는 너의 시대, 너의 봄이 세상을 찬란하게 빛낼 시간이구나

오늘은 역사적인 날, 대사관 문을 열고 나오자
란트베 운하 위로 함박눈처럼
온 하늘 하얗게 꽃가루 흩날리며

봄이 와 있구나

2025년 5월 21일****
베를린에서 선생님이

*주독일 대한민국 대사관 주소지. 슈틸러슈트라세 10번지.
**1979년 12월 12일, 수도 서울 군사반란 발생과 그 후 한국의 군부독재 기간.
***윤석열 탄핵찬성 시위대가 추위를 견디기 위해 은박지를 두르고 한겨울 밤샘 시위한 모습이 키세스 초콜릿 모양이라 붙여진 말.
****제21대 대통령선거 국외자 투표 기간(5월 20~25일) 중 하루.

호미
— 봄

꽃 같은 그녀가 지나가니

향기 뚝 뚝 붉디붉게 떨어지고

하늘 언제나처럼 짙푸르고

누군가는 떨어지는 꽃이 되고

누군가는 몰려드는 먹구름 되고

그렇게 우리는

꽃이 된 그녀 속으로 타들어가고

그날의 보고서

어제는 함께 식탁에 앉아 밥을 먹었어, 평소처럼
해바라기밭에서 출렁거리는 환하게 웃는 해바라기꽃, 엘리카의 얼굴 같아
햇살은 따가웠고 환희에 눈부셨지
하얀 드레스는 웃음의 파도로 출렁였고 우리는 한낮 내내 춤을 추었지
내일이 없는 듯 춤을 추었지

그날 밤은 전혀 어둡지 않았어, 별 하나 없었는데도
무거운 파편들이 낮의 식탁 위로 떨어지고
엘리카 얼굴 같은 해바라기꽃들이 찢어져 붉은 피를 뚝뚝 흘리고
공기는 사납고 거친 악마 같았지
칠흑의 밤하늘이 그대로 집안으로 내려앉자
라디오를 튼 것도 아닌데 음악처럼 울리는 비명들

어제는 이웃이었고
내 사랑 엘리카와 결혼식을 했었지
오늘 나는 진격해야 하네, 엘리카의 집으로
이유도 모른 채, 조국이란 미명으로

씨팔, 죽음의 늪으로

어제는 이웃이었고
오늘은 내 남편, 결국은 같은 인간
가지 마요, 가지 마요 거긴 우리 가족의 집
내 웨딩드레스를 피로 물들이지 말아요

그날 밤은 너무 깜깜했어, 별이 무수히 떠 있었는데도
바람은 폭우로 휘몰아쳤고
무너진 벽 안팎으로 엉겨붙은 팔과 다리들
이기와 탐욕의 피비린내를 흡입하는 자
선량한 시민의 주검을 먹는 자
통곡을 알 리 없는 사이코패스
피의 클론다이크

짓밟힌 해바라기꽃밭,
그럼에도 불구하고
우크라이나 하늘에는
세상의 모든 별이 모여들어
희망으로 쏟아져 내리기 시작했다 하네

종점

우리는 지금 어디에 있는 걸까.

살아갈수록 방패를 쌓는 사람
살아갈수록 벽을 허무는 사람
아플수록 통곡하는 사람
아플수록 속으로 파고드는 사람
미울수록 화살을 가깝게 쏘는 사람
미울수록 활시위를 낮추는 사람
가질수록 얽매이는 사람
가질수록 더 많이 버리는 사람

오늘도 미운 사람은 다가오고
사랑하는 사람은 떠나가고
감정의 시계추는 무게를 잃은 채
세월을 비켜나는데

소멸의 피곤에서 벗어난 자
생명의 존귀함에 경배하지 못하고
억압의 뿌리가 내린 산성 토질에서
천진무구하게 행하는 무자비

오늘은 몇 마리의 짐승이 죽었을까?

이 눈먼 시절이 끝나면 우리는
어떤 인종으로 기록될 것인가.

잘못된 만남

온통 붉게, 봄보다 먼저
노란 이빨 내밀며 환하게 웃던
붉은 입 핀 자리

봄 인사 보내는 삼월이
오늘은 달지 않아, 씀바귀보다 써

평생 변하지 않으리라 맹세했던 진초록의 두 손, 그대로
그대로인데
개나리도 진달래도 산수유도 벚꽃도 살랑거리는 봄, 그대로
눈부신 신록으로 무장한 오늘의 바람, 그대로
그대로인데

꽃 인사 보내는 사월이
오늘은 아름답지 않아, 모래바람보다 깔끄러워

모든 어긋남은 한 끗 차이
희망의 아지랑이 피어올라야 할 자리에
꽃의 향연으로 빠져들어야 할 산천에
붉은 눈물 뚝뚝 흘리는

동백꽃 진 자리

진실 버스가 지나가는 도로 옆 길가
노란 리본 물결 따라가는 노랑나비 눈물
알록달록 얼룩진 봄

올해는
봄이 아프다!

다시, 촛불

인자 문 끼라 봐라!
바까튼 눈부신 햇살
침잠의 시계추는 멈차뿐지 오래
침묵은 니 얼굴이 아이야

생각해 봐라!
이 대낮의 햇살과
이 대기의 자유와
이 정직한 평화는
얼매나 값비싼 대가였는지

벌씨로 이자뿟나?
보골난 촛불 파도는
거대한 겨울조차도 몰아내뿔고
희망의 불씨를 지켜왔다아이가

다시 문 끼라 봐라!
쇳대로 꽁꽁 잠가삐린 맴의 문
끼라 봐라!
잠시 어둠 속에 놓친 불씨

활활 타오르구로
니캉 내캉의 연대, 보통 사람의 땅 우에서
딴딴한 힘으로
세대世代의 희망으로
활활 타오르구로

*사투리 버전으로 발표했다.

이태원 민들레

머리 위로 흩날리는 영혼들
지금 잡지 않으면
이 세상 깊숙이 어딘가로 사라질지 몰라

나의 땅은 한없이 낮고 딱딱하고
높고 두꺼운 담장에 가려져 있어도
향기로운 볕은 내 청춘이 퍼져나가듯 환하고 밝아

구천을 돌고 돌아 환생한 힘으로
어질게 피워올린 어린 발톱
시작도 종착도 모를 낡고 좁은 골목길 돌며
소리 없이 드러누워 용서를 기다리네
사방 노랗게

잠들 수 없는 백오십 아홉의 눈동자
반짝이는 플래시 불빛
반성도 사죄도 없는
무정부의 길가에서
서럽게 빛나네

2부

수십만 분초의 기억

작은 새

작은 새가 폴짝이네

물기 잔뜩 머금은 봄바람에
가볍게 살랑거리는 숲에서
갈빛 깃털 나폴대며 겨울 낙엽 사이로
소생하는 모든 생명 틈에 서서
오랜 명상을 마친 시간인 척
사람과 사람 사이 바람인 척
햇살을 쫓아왔던 청춘인 척

작은 새가 폴짝이네

세상은 보려는 자의 것
나의 새가 되려는 저 새는
오직 내게만 작은 새인 저 새는
이 숲을 오래 지켜온 떡갈나무 분신인 저 새는
긴 겨울 지나온 봄 물고서
내 속의 깊은 겨울 떠나서

향기로운 새싹으로 돌아오네

일기예보

오늘은 추석입니다
모두가 즐거운 추석입니다
서두를 필요가 없는 나는 늦잠을 잡니다
보슬비가 내리는 흐린 날씨 탓입니다

달달한 음악을 틀고 진한 에스프레소를 내립니다
여느 아침같이 창밖을 보며 커피를 마십니다
차가 거의 다니지 않는 거리가 보입니다
여느 아침과 달리 인적조차 없습니다

거의 모이지 않는 가족이 모이는 날입니다
온갖 이유로 다른 삶을 사는 한 가족이 모이는 날입니다
오랜만에 집 안이 집 밖보다 북적이는 날입니다
대화가 겉돌아도 수용되는 넉넉한 날입니다

유일한 가족이 멀리 있어 집이 쓸쓸합니다
안부를 묻는 가족이 너무 멀리 있어 하늘만 바라봅니다
맛난 송편 하나 빚지 않아도 오늘은 한가위입니다

유난히 쓴맛 나는 커피가 오늘은 위안입니다

커피 속에 떠오른 사람들을 봅니다
한때는 내 가족, 내 사랑, 내 친구였던 얼굴들이 보이더니
기억보다 빨리 사라집니다
지금은 없는 얼굴들입니다

음악을 바꿉니다
나는 제프*가 빚은 라일락 와인을 마십니다
정신의 비수처럼 섬뜩한 부모형제들을 끊고**, 신의를 배신으로 돌려주었던 지인들을 끊고
넉넉한 한가위, 제프와 함께 와인을 마십니다
그는 변치 않는 절친입니다

비가 오려는지 바람이 차가워집니다
오늘은 슈퍼문이라서 나도 소원 하나쯤 빌어볼까 합니다
달뜬 기분으로 달 뜨기를 기다립니다
알딸딸 취해 달만 생각합니다
달에게 빌 소원만 생각합니다

맞이할 친지 하나 없어도
오늘은 추석입니다

*제프 : 제프 버컬리. 미국의 가수. 단 한 장의 정규앨범 〈Grace〉를 남기고 29세의 나이로 요절. 라일락 와인은 이 앨범에 수록된 곡임.
**김상미 시인의 시 「까치밥」에서 인용.

호미
— 여름

  이곳의 여름은 길고 뜨거워요, 스무 시간 걸려 도착한 땅엔 불그름한 토마토가 이제야 달렸는데 밭은 상추보다 키 큰 잡초들로 가득, 한낮 땡볕 진 자리엔 골프공 같은 독버섯 하얗게 자라고 있네요, 아, 참, 한국에 호미를 두고 왔어요, 손가락에 포도가 너무 많이 열려버렸어요, 주렁주렁 포도송이는 풍성해지고 상추 키도 우뚝한데, 수확이 필요한 건 밭이 아니라 시 한 줄 못 쓰는 불모의 손가락, 축 늘어진 여름 사이사이로 자라는 땅, 잡념은 잡초로 쑥쑥 자라나 밭의 여기저기 뒹구는 골프공, 땀이 뚝뚝 흘러내리는 손에 오래도록 흙을 갈구던 호미질이 필요해요, 토마토가 다 익어 밭이 온통 붉게 물들기 전에 오늘의 시 한 편을 마무리해야 해요

외줄타기

모든 건 심각한 착각에서 비롯되었다.

나는 실패했다
내 뛰어난 기술에 흠이 생긴 줄 모르고 점검 없이
공중에 매달린 공기를 가볍게 여긴 탓에
나는 실패했다
돌아갈 집도 마련하지 못한 채
허울 좋은 평판만 너무 믿었나?

나는 눈을 감는다
빨랫줄에 매달린 빨랫감처럼 공중에 매달려
바람의 칼날에 몸을 맡기고
붉게 흩날리는 피톨을 바라본다
외줄에 올려놓은 발의 균형이 무참하게 무너진다

나는 추락한다
그레고르 잠자처럼 작고 가벼운 애벌레가 되어
내가 모르는 세상 속으로 사라진다
경험하지 못한 세계는 심각한 고통이다
단 일 초의 방심이 검은 심연으로 몰아넣는다

박수와 환희는 실패의 가십이 되고

집으로 돌아오는 길에 바람이 분다
키 큰 자작나무는 여기저기 잎사귀를 뿌려대고
젖은 잎사귀를 특히 조심해야 한다
그렇게 집중해서 살았지만
인생의 외줄 위에서 나는 추락했다

함께라는 말은 조심히 써야 한다는 걸 배운 것도 이때였다

아무리 호소해도 미물일 뿐인 애벌레는
하늘 위 거대한 발자국을 조심해야 한다
실패보다 무서운 건 꿈틀대는 불안들

아슬아슬한 저녁 식사는 역시 혼자가 좋겠다.

점점 아름다워지고 있다

이제부터 옷을 사지 않기로 했어요

쇼핑중독자였던 나의 말을 주변 누구도 믿지 않고 의구심을 보냈어요 그도 그럴 만해요 이런 결심은 보통 작심삼일 나는 끝까지 간다에 의지력을 모아보기로 했어요 뭐, 특별히 큰일이 있었던 건 아니지만 습관의 힘에 도전해보고 싶긴 했어요 오늘은 뭘 입어야 하지? 매일 아침 하던 고민에 겁이 났지만 이미 옷걸이가 부족할 만큼 옷장은 비좁고 손길 한번 받지 못한 채 늙어가는 옷들이 보였어요 아, 이런 것도 있었지 이건 언제 샀지 이렇게 입으면 되겠네 생각은 점점 창의적으로, 개성적으로 멋내기 시작했어요 비싼 건 비싼 대로 싼 건 싼 대로 옷을 입을 때마다 치러야 할 대가를 잊고 있었어요 "여기도 이미 너무 비싸 오늘 출장은 미얀마야" 인도네시아 의류산업 CEO인 친구는 이제 어디로 가서 임금 계약을 할까요? 나의 아름다운 옷 뒤에 숨겨진 방글라데시 아이들의 눈물을 호호 하하 뽐내던 나는 부끄러웠어요 호사스럽게 마시던 에티오피아의 눈물만큼이나요 근사한 포장지로 한순간 받았던 위안과 안도감, 아픈 노동이 흐르는 오염되고 더러워진 생태계, 극단적인 부의 폭력이 결국 우리의 위협을 간과한 이기의 대가. 옷을 사지 않으면서 점점 편안해지고 주변 누구와도 즐거워졌어요 그냥 하나만 안 하기로 했을 뿐인데 세상이 훨씬 밝아진 기분입니다

　그래서 계속 옷을 사지 않기로 합니다

다향다방

아버지는 가끔, 주방장이 있던 다방에서 커피를 사주셨다. 열세 살의 나는 그토록 매혹적인 음료에 반해 매일 다방에 데려가주시길 기대했다. 당신은 아는가? 별별 커피가 다 있고 별별 방식으로 커피를 추출하는 지금, 널린 게 커피숍이고 거의 모든 사람이 숭늉처럼 마시는 커피가 반세기 전엔 소수의 사람만이 즐기던 악마의 유혹이었던 걸. 단골 다향다방에는 최고의 주방장이 있었다. 미군부대에서 나온 깡통 맥스웰 커피 분말로 천상의 맛을 추출하는 마에스트로의 손이 있었다. 다양한 쓴맛을 구별하는 단련된 감별사였던 열세 살의 혀는 얼굴도 모르는 주방장 아저씨를 좋아했다. 진하고 부드럽고 쌉쌀하면서도 달콤했던 그 맛. 나는 평생 온몸으로 커피 맛을 즐기고 최고로 맛있는 커피를 뽑아왔지만 언제나 그때의 다향다방 커피를 다시 마시고 싶다. 그 멋지고 유혹적인 추억을 마시고 싶다.

아직도 자니?

배가 부르니 생각이 나간다
생각이 떠나니 시가 나간다
시인의 집에서 시가 나가니
시집이 무너진다
무너진 집에 깔려 시인이 죽자
온몸에 부스럼이 스며 오른다

이제 깨어날 시간이다

핸드크림

보스턴에서 온 울트라 핸드크림을 바른다
은은한 향기가 수십만 분초分秒의 기억이 되어
방 안 가득 퍼진다, 햇살 가득한 오후

사십 년을 건너간 시간의 끝에 중년의 소녀가 서 있다
부산에선지 신촌에선지 대학 때 마지막으로 본 그녀가
출판사로 메일을 보냈다 보스턴에서 부산으로

그녀와 나 사이를 이어주었던 사람이 있었고
그의 부재가 그녀를 내게 보냈다
그가 없는 안부는 한없이 짧았고 볼품이 없었다
그가 몸과 마음을 모두 기증하고 떠났을 때
부고는 보스턴까지 가지 못했다

우리는 말없이 저녁을 먹었고
맥주도 한 잔 마셨다

그 없이 만남이 지속될 거란 생각은 서로 하지 않았다
너무 반가웠지만 둘만의 시간은 불편하다고 속삭였다
우선은 마음이 아팠고 그 다음은 모든 것이 낯설어졌다

그녀가 있을 곳까지 차를 몰았다
멀지 않았는데 사십 년만큼 멀었다

집으로 돌아와 선물로 준 핸드크림을 발랐다
언젠가 기억할 오늘의 악수 대신
촉촉해지는 두 손으로 작별 인사를 했다.

귀가

여름 내내 비 내리는 그곳에서 나는 안녕했던가?

짧은 인사 나눈 뒤, 여러 달을
그곳에서 울었다, 테라스로 쏟아지는 깊은 눈물 소리를
오래, 들었다
가령 땅이 메말라
내 목소리가 갈라져서 흩어진다고 해도
나는 그 여름의 평화로운 태양을 갈망했을 것이다

그곳의 젖은 거리는 무심하게 흙탕물을 튕기곤 했고
나의 흰 바지 아랫단은 심하게 얼룩지고
집 밖 거리는
붉게 물든 하늘 아래 태양을 묻고 있었다

가령 내 갈망이 산을 뜨겁게 물들인다면

여름 내내 뙤약볕 내리꽂는 이곳에서 나는 안녕했을 텐가?

짧은 인사 나눈 뒤, 여러 달을
이곳에서 태웠다, 시꺼멓게 타들어가는 한낮의 태양

나의 초록 옷이 불타서 가을을 불러들였고

사랑이 없는 짙은 음습이 느껴지는 귀가인 듯
사랑을 잃은 가을은 쓸쓸하게 목숨을 끊었다

가령 내 소망이 그저 평범하고 단란한 가족이라면

어디에서라도 언제라도 친밀하게 서로의 안부를 묻게 되었을까?

이곳에서의 인사는 짧은 채 사라졌고
나의 사랑스러운 율마는 타죽었고
집의 정원은 마른 잎이 뒹굴더니 이내 사라졌고
창문 속에 갇힌 공기에서는 사막의 모래 냄새가 났다

여름 내내 나는 이곳에서도, 그곳에서도 안녕하지 못한 채
안녕한 귀가를 서두르고만 있었다

교수巧手 J

나는 당신을 보았습니다
오래도록 보지 않으려 했던 당신의 본모습을
보고야 말았습니다

전혀 유쾌하지도 예의를 차릴 필요도 없이
십수 년의 우정을 한순간 파기시키는 모습에서
비열한 인간의 본성을 보았습니다

당신이 가진 권력과 지위로
필요와 불필요의 선을 긋고
무감하게 고기밥을 던지며
친구의 친구를 유혹하는군요

당신을 믿었기에 나는 장님이었습니다
나의 배후에서 무슨 짓을 했던 건가요
의협심 많은 표정으로 그 속내 어찌 참았나요
슬그머니 남모르게 훔친 우정으로
순진한 척 다시 시작할 수 있는 사람을 보았습니다

아마 당신의 신은 용서하겠지요

태어날 때부터 당신 손에 면죄부를 쥐여주었을 테니
당신의 담장은 튼튼한 부富의 벽돌로 쌓아 올렸을 테니
아무것도 아닌 나 따위는 가볍게 무시해도 되겠지요

나는 당신이 쓰다버린 사람들을 보았습니다
금수저로 태어나지 못해 여기선 팔을 저기선 다리를 잘린
착하고 선량한 사람들을 보았습니다
당신의 악행 중 최고는
친구의 친구들 사이에 싹 틔운 의심입니다

이번 생은 당신이 이겼습니다
나는 이용만 당하다 망가진 로봇처럼 폐기되겠지요
그러니 비열한 시대가 허용한 악행을 부끄러워할 필요는
없어요
　그런 당신과는 오히려

미련 없이
안녕!

부서진 낙원 1

비가 내린다
주룩주룩 한없이 청승맞게
눈물이 내린다

우리는 얼마나 오래 우리를 기억할까? 그가 떠나면서 했던 단 한 문장이었다 안구건조증이 심해진 나는 말없이 더러운 손가락으로 눈을 비볐다 서로를 바라보는 시간은 섬광처럼 짧았다 사라져가는 그의 얼굴을 기억하려 안간힘을 썼지만 부질없이 날은 어두워졌다

우리는 태양과 바다를 좋아했다
작열하는 지중해. 태양보다 뜨거운 입맞춤 그런 시간이 손가락 사이 모래알인 듯 내 몸에서 빠져나간다 푸른 하늘보다 시린 지중해

가지 마! 가지 마!

내 손가락은 너무 가늘고 거센 바람을 막을 수 없었던 그때
너는 안부 대신 사멸을 보냈지 손가락이 움츠러들고 호

흡이 빨라졌지만 야속하게도 세상의 온갖 빛은 반짝반짝 빛나고 있었지

  그럼, 너의 하와이는 뭐였니?
  내 목숨 위를 사뿐히 걸어갔던 그때
  너는 느끼지 못했니? 나의 사멸을 기억은 온갖 바람과 풍향과 풍속에도 견뎌냈지 그리고 지금

  나는 소멸하기로 해
  나의 소멸이 거름이 되어 너를 쑥쑥 자라게 하려고 너무 커져 도저히 내가 오를 수 없을 때 태평양으로 갈게 더 넓은 무한대의 깊이로 빠져들게

부서진 낙원 2

세련되지 못한 길은 언덕 경사를 따라 이어져 있었고
자동차 바퀴는 쉴 새 없이 먼지를 퍼올리고
당신 있는 곳을 모르기에 문득문득
차를 세우고 물어, 모습은 없고 목소리는 있어서
길 찾기는 어렵지 않았는데
여러 번
같은 길이 계속되어 쉬이 방향을 잃거나
풍경은 안개가 내린 듯 희미했지만
길가 나뭇잎은 바싹 말라 있어서
오래
비가 없음을 암시하곤 했는데 오가는 사람들이 거의 없음에도
여기는 도시였어

당신을 따라오면 모든 것이 해결될 줄 알았는데
굽은 길은 좀체 펴지지 않고
비가 올 낌새도 없어 차츰 목이 타들어왔는데
저기서 한 무리의 아이들이 까르륵까르륵
먼지 일으키며 마른 땅을 뛰어다니고
내가 당신을 찾을 수 있을까 되묻게 하는데

어디냐고 물었을 때 건넨 쪽지에는
아무것도 적혀 있지 않아서
온전히
도시의 낭떠러지까지 달려야만 했어

이제, 창문을 열어주세요!

어서 와요, 프레디!

영화의 타이틀이 오르고 있어요. 이번 영화는 무척 진부한 이야기예요, 우리처럼. 첫 화면은 참 어둡군요. 21세기 유럽의 이슈는 집을 잃은 사람들이죠. 자신의 집에서 죽을 힘 다해 도달한 타인의 집. 어디에도 없는 안온을 삶으로 기억하는 사람들. 부서진 벽과 지붕만 있어도, 의자 하나와 테이블만 있어도, 누울 바닥만 있어도, 무감각한 욕망과 너무 오랜 침묵을 껴안을 수 있다네요. 팬데믹이 장식한 쓸쓸한 거리에는 사람의 흔적이 사라지고 그들은 더 깊은 고독 속으로 침잠하고 있네요

기억나나요, 프레디?

우리가 만난 지도 벌써 30여 년이 되었네요. 93년인가 봐요. 짧은 만남 긴 이별을 '단순한 열정'을 읽으며 견뎠지요. 밤마다 몰려오는 환각 같은 당신의 목소리, 감미로운 손길, 화염에 휩싸인 심장에 미쳐버린 시간들. 기억은 조각난 거울처럼 엇갈리지만, 작품을 만들어내지 않고 발견해낸다는 아니 에르노처럼 현실을 꿰뚫어보았어야 했어요. 나는 몰랐거든요, 당신이 그렇게 빨리 가버릴 줄은

그때 내 심장을 달래주었던 '단순한 열정'으로 에르노는 노벨문학상을 받았어요. 인생에 한 번, 그렇게 강하고 매혹적이고 잔인하고 아름다운 사랑에 대한 기억은 상을 받아 마땅하죠. 그런 사람, 몇이나 되겠어요? 쫓고 쫓기고 살고 죽이는 격정에 눈이 먼 순간으로 평생을 살아내는 끔찍하게 아름다운 기억, 우리가 함께 공유했던 그 오랜 기억을 소환해요

어디 있었나요, 프레디?
죽이고 싶도록 그리웠는데, 그해 겨울은 너무 춥고 황량했죠. 기억으로 시작된 사랑은 세월 앞에서 참혹하게 무너진 열정을 소환하며 매년 업데이트해야 해요. 90년대 초기의 몰입된 사랑은 더 깊고 더 매혹적이고 잔혹했죠. 모든 것을 파괴하고야 멈춰선 이야기, 예측가능하지 않은 이야기로 관객을 혼란스럽게 만들고 싶다던 루이 말 감독은 정말 성공했죠. '데미지'는 찢어지게 고통스러웠지만 지나치게 현실적이기도 했어요, 에르노처럼

프레디, 당신이 제레미 아이언스의 공허한 눈동자로 다가왔을 때 뻣뻣해진 내 육체는 더는 이성의 말을 듣지 않았

죠. 지옥에서도 거부할 수 없는 생애 최고의 사랑. 파괴된 흔적 위에 조용히 쌓이는 쓸쓸한 빵 봉지, 기억의 재를 가득 담은 빵 봉지를 차곡차곡 접으며 그녀 역시 누구와도 다르지 않았다는 스티븐 플레밍의 사랑의 유언

 사랑이 끝난 자리엔 십일월의 바람이 불어요

 프레디, 영화가 끝나도 우리가 헤어진 단순한 오해는 풀리지 않았죠

 이제 창문을 열어줘요, 프레디!

 유행이 달라져 옷을 갈아입어야겠어요. 세상은 미친 듯 망가져서 온통 쓰레기 천지예요. 뒹구는 일회용품 사이에 우리 삶도 일회용으로 가볍게, 사랑도 일회용으로 더 가볍게, 숭고함 잃은 남발된 감각으로 사랑은 개인의 소유물이 되어버렸어요. 무감각한 욕망보다 끔찍하게 희망 잃은 이기적인 사랑 앞에 진실이 있기나 한가요? 프레임 안에서 우리가 나누었던 그 아름다운 사랑은 가난하고 절망적이고 불평등하고 고통스럽고 추악해졌어요. 생존만이 이 시대의 의무라면 어서 스크린을 내려주세요. 나는 당신을 떠나 프레임 밖에서 새로운 풍경을 만들래요

 이제, 창문을 열어주세요!

돌에 대한 소고

돌을 세게 내려쳤다
몇 귀퉁이가 떨어져 나갔다
돌이 깨어지지 않는단 말은 거짓이다

관계도 마찬가지
'우리는 절대 변하지 않아'라고 말한 이의 마음이 사실은
카멜레온보다 유연하다
사실 오래 알아야만 알 수 있을 뿐

돌의 획을 버리면 돈이 된다
돈은 엄청난 유연성과 힘으로 관계를 잠식한다
간과 쓸개가 다 나와 주머니에 애걸하지만
한번 가버리면 그만인 사랑같이 뻔뻔해지기도 한다

관계를 믿어보려고
돌을 세게 내리쳤나
빌린 돈을 갚지 않던 그가 버럭 화를 낸다
수십 년이 되도록 예의와 경우도 차리지 않은 채

나는 돈의 철학을 새로 배운다

3부

나는 오래된 도시의 향기를 떠올려요

깜찍한 반전

며칠째 시 생각만 하다가 결국
시 한 줄 쓰는 대신 포동포동 포도만 키웠나
부엌문 밖 테라스 처마에 무성한 포도덩굴
손가락으로 피어오른 가벼운 포도송이

베를린 아, 베를린

1. 슈테글리츠*

나의 산책길은 참 아름다워요
수많은 오색방울새의 재잘거림으로 가득한
그 길 위에서 만나는 사람들은 수 세기를 거쳐 왔어요

큰 주거단지의 베란다 창문은
길 건너편 공원묘지로 열려 있고
신선한 바람은 그곳에서 불어오죠
산 자와 사자가 함께 사는 이 길 걸을 때마다

나는 오래된 도시의 향기를 떠올려요

번잡한 슈테글리츠에 닿으면
과거의 베를린에 없었던 신자본주의 발자국과
다채로운 빛깔의 사람들과 함께, 잠시
나도 이방인임을 잊어요

나는 오래된 도시의 힘에 움찔해요

친구가 웃으며 다가오네요

후겐두벨 서점에서 만나는 소설가 한강 씨
그녀의 웃음은 함박꽃보다 컸고
우리는 얼마나 달달하게 커피를 마셨던지요

이 거리의 평화는 혼종의 자유로움이에요

눈치 보지 않고 곁눈질하지 않고 온통 뒤섞인
무질서 속 질서가 실현되는 자유
상식이 상식 같지 않고 인격이 인격 같지 않았던 사슬고리가
단박에 풀렸다는 소식 당도한 여기
슈테글리츠

마음이 도착한 고향은 가깝고도 멀지만
타인인 채 낯설게 익숙한 이 거리 끝은 언제나
부산 바다로 펼쳐져 있어요

어떻게 견뎠는지 기억조차 없는 비열한 시간
끝난 듯 끝나지 않은 채 꿈틀거리는 인간 속 야만
그럼에도 아직은, 평화로운 공기

지금은 이 속에 잠겨볼래요

그래서 산책길은 참 아름다워요
그 길 위에서 만나는 산 자와 사자의 이야기는
수 세기를 지나도 여기에 있는 거예요
여전히

＊오색방울새Stieglitz가 많아 이 지역의 이름이 '슈테글리츠Steglitz'로 명명되었
다고도 함.

2. 하나우어슈트라세

다분히 동화적인 거리인가요

쥐잡이 동화로 유명한 하나우 시를 방문할 땐 몰랐어요
그 작은 도시에 몰려드는 세계인들
도시 곳곳을 다니던 쥐들이 이제는 청동으로 박제되어 숨었군요
동화의 거리를 따라 북서로 북서로 차를 몰아보세요
어느새 다시 하나우어 거리로 접어들어요
여기는 쥐 대신 울창한 가로수가 하늘을 가리고
당신을 기다리는 사람이 있어요

하나우 시가 만든 베를린의 하나우, 이웃은 친절하고
별이 쏟아지는 밤엔 동화를 쓰는 집

오래된 하이델베르크 광장역에 내려 주변 카페를 가요
대로를 지나 샛길로 오면 작은 도랑이 거리를 따라 흐르고
어쩌면 도랑 가엔 아직도 쥐잡이가 살지도 몰라요
암튼 나는 소풍 가듯 이 길을 걸어서 집으로 가요

한국에 두고 온 가족이 있냐고 누군가 묻네요
없어요, 내 가족은 하나우어에 사는 동화 같은 남편 하나
얼마나 다행인지요
고아는 늘 동화의 주인공이 되잖아요
그 잔혹한 원전이 콩쥐팥쥐전이든 그림형제 동화든
그래서 밤엔 혼자 이 길을 걷지 않아요
알고 보면 동화의 세계나 현대 대도시의 세계나 밤은 뱀
같거든요

얼마 전부터 한국에 마녀가 출몰했다는 소문을 들었어요
사람처럼 밥을 먹지 않고 돈을 먹는 마녀 땜에 나날이
금값만 치솟는다는 그런 동화 같은 소문!

3. 쿠담 거리

 베를린은 너무 빨리 변해요, 독일에선 거의 없는 일이죠, 20년 전에는 혼자 거리 뒤편 카페에서 맥주를 마셨어요, 낯선 사람과 웃으며 이런저런 이야기로 밤은 즐거웠어요, 거리는 환하고 상점들은 북적였죠, 여긴 서베를린 다운타운이니까요, 여행자의 밤은 호기심 가득했죠, 쿠담의 변화는 무죄, 쿠담은 내게도 기억이 없는 거리*가 되고 말았어요, 마치 한국 시내 같아요, 올 때마다 새로워서 기억할 수 없는 거리, 어쩌면 기억하고 싶지 않은 거리인가요? 영원히 기억하기 위해 파괴된 채 쿠담을 지키는 카이저 빌헬름 교회도 평화의 안장이 무뎌진 건 아닐까요? 이곳은 어디일까요? 파리, 런던, 뉴욕? 이제는 어디라도 똑같은 상점과 주문과 판매와 식사를 하나요? 지난 80년의 기억이 20년 전의 기억 속에 잠겨서 사라지려 하네요, 100년 전 크라카우어의 염려는 현실이 되고 전 세계에서 몰려온 자유의 바람이 폭풍우가 될까봐 마음이 조금씩 불안해지고 있어요

---

*독일학자 크라카우어가 수시로 폐업하고 새로 개업하는 베를린 쿠담 거리의 상점들을 보고 묘사한 표현.

4. 밤의 이방, 노이퀼른*

 사막에 부는 바람은 점점 거칠어지더니 걷잡을 수 없는 폭풍이 되고

 지우는 건 너무 가볍고 쉬워요
 오늘 아침 나는 당신 얼굴을 지우고
 멋지고 맛있는 아침을 준비했어요
 밤 사이 바람이 너무 심해서 마치 세상이 끝나는 듯했어요
 당신의 잠꼬대가 지옥을 불러와서
 집이 얼마나 뜨거웠는지

 가끔 상상은 경험치를 훌쩍 뛰어넘어 창밖으로 비치는 햇살의 칼날에 손을 베이곤 해요
 아, 아침의 그녀는 지독히도 감미로운 저음의 계단을 내려오는군요
 세상에서 가장 아름다운 그녀의 목소리가 뱀처럼 목을 옥죄어와서
 사지를 꽁꽁 묶고

 우리는 오래 잊고 있었지요

고통스럽고도 질긴 기억 삭제하는 법을
단지 손가락 몇 번으로 당신 존재를 지우고
세상에 버려진 상처가 되어버리는 잔인하고 섬뜩한 것들

얼굴을 지우고 번호를 날려버린다고
머리통을 뚫고 악몽도 흩어질까요?
피눈물이 흘러내리는
몰락하는 관계라는 지옥
맘속에 파묻어놓은 지옥

야만적인 바람이 사라진 다음날 아침
마치 어제는 없던 것처럼 일상은 계속되고

고향 잃은 당신과 나는 서로를 거칠게 소멸시키면서
온전히 사랑하는 법을 배워

---

*베를린 노이쾰른 지구는 이민자가 많은 지역이며 위험지구이긴 하지만 매력적인 카페 겸 갤러리가 거리 곳곳에 즐비하여 힙한 곳이어서 예술가들의 안식처이기도 하다.

마리안나 베드나르스카

그녀의 연주는 유년의 여행이었다. 유연하고 힘찬 손가락이 쥔 네 개의 말렛은 세상에 없는 종을 울렸다. 바흐의 무반주 첼로 모음곡은 그녀의 부드럽고 우아한 종소리가 되어 귓가에 공명되었다. 마림바가 만들어주는 경쾌한 피크닉에 초대된 나는 통통거리며 초여름 풀밭을 굴러다니는 물방울의 작은 조잘거림에 빠져들었다. 몸 자체가 악기고 움직임이 연주인 그녀는 의지의 시그널이었다

할 수 있는 것과 없는 것의 경계는 무엇일까? 마치고 차 한잔할까? 베드나르스카 공연에서 우연히 만난 친구의 말이고 약속 없이 공연이 끝났다. 오래 일어나지 못했다. 가끔은 기억나지 않아서 좋을 때도 있다. 나는 종소리만 가득 담은 가방을 들고 일어나 집으로 돌아왔다

칠흑 같은 밤 바다 너머 반짝거리는 빛은 별이 아니지만 별 같았다. 둥둥 북소리는 여전히 가슴을 치고 바람은 조금씩 거칠게 숨을 몰아쉰다. 15살에 처음 공연을 했다는 베드나르스카가 바람 속에서 연주하기 시작한다. 세상의 모든 소리가 모여들면 철~썩 바다는 큰북을 쳐댄다. 지금 내 곁에는 아무도 없으면서 모두가 있다. 그녀의 힘이다

폴란드 최고의 타악기 주자인 그녀의 몸은 그대로 악기로 변해 글로보카르*의 전위음악 〈?Corporel〉**을 연주한다. 나는 그녀와 함께 춤을 춘다. 무대는 사라지고 몸은 끓어오른다. 세포 입자 하나하나의 움직임을 감지하여 손가락 끝으로 보낸다. 투명한 종소리가 허공으로 피어오른다. 나는 자꾸만 그녀 속으로 빨려들어 북을 친다. 둥… 둥…

---

*Vinko Globokar : 프랑스의 전위 작곡가이자 트럼펫 연주자.
**?Corporel : 1985년 글로보카르의 작품. 연주자가 자신의 몸을 타악기처럼 두드리고 소리를 내는 등 신체를 직접 활용하는 퍼포먼스형 연주이다. 'corporel'은 '신체적인'이란 뜻의 프랑스어.

시간의 색채

아침이 오고 있어요
새로운 호흡의 뜨거운 커피 한 잔
천천히 보이지 않게
어제의 기억은 삭제하려고
새 옷을 입고 왔어요

오래된 기록장을 펼쳐요
모퉁이가 닳은
나무 문틀 슬레이트 건물 하나
빛바랜 가능성이 울퉁불퉁
시멘트 벽면 흠집을 알록달록
새로 채우는 시간이에요

새로움은 낡음이에요
낡음은 고물이 아니라 기억의 허파예요
고립의 바이러스를 대하는 새로운 개념이죠
깊고 오래 들이마시며 창조와 파괴를 반복하는
인류세의 히스토리

아주 오랜만에 아침으로 걸어나가

혼자의 적요를 들이쉬면
상실된 어제를 떠나는 사람들이 찾아와요
다정했던 친구들 뜨거웠던 연인들 사랑했던 가족들

애증의 아침 햇살
식어버린 커피 사이에도
아침이 오고 있어요

모퉁이가 닳아 파삭거리는 사람의 문
오래 오래된 그 옆, 시詩의 집에 앉아
사람의 기록장을 고쳐쓰고 있어요, 우리 함께
쓴 고통을 끌어안고

사랑에 대하여

주책공사

서울 사는 후배가 아이들과 광안리에 왔다
체험학습이니 시인과의 만남을 부탁했다
시도 읽고 오랜만에 요즘 청소년들 얘기도 듣고

독립서점 코스도 있다며
광안리에 많다며 찾아간 곳 '주책공사'

외지에서 왔으니 추천도서는 부산 걸로 하자 싶어
부산 출판사 책꽂이를 물었더니
뚱뚱하고 불친절한 종업원의 거침없는 답
"우리는 부산 출판사는 취급 안 해요"라는 1초의 망설임도 없는 답

뭐지?
어이없고 황당하고 불쾌하기 짝이 없는 이 대답은
뭐지?
부산에 있으면서 부산 출판사의 책 한 권 없는 이 서점은
뭐지?

오만하고 무례한 종업원의 태도로 보아 여기는

진정 문화사대주의의 진상 아닌가?

부산이라는 지방에 있으면서, 여기서 돈 벌면서
여기 문화를 하찮고 여기는 그 오만은 참, 참, 불쌍하리만치
초라해보였다, 여기가 독립서점이라고?
무엇으로부터의 독립인가?

가장 로컬적인 것이 가장 글로벌하다는 기본도 없는
흉내만 내고 자존은 없어 보이는
부산에서 부산을 외면하는
진짜 주책공사工事 아닌가?

운수 나쁜 날

　만약에 폭우가 쏟아지지 않았더라면 그 밤에, 내 집은 나와 J의 오붓하고 묵은 이야기가 공기를 메웠겠지. 예측 불가한 밤의 폭우에 L, 이제, 그만 돌아가라 하기 어려워 잠자코 있었을 뿐인데 참, 당연하단 듯 나와 J의 달콤한 계획을 질겅질겅 씹어먹으며 하찮은 소비에 대해 지껄이며 내 기분 따위 안중에 없는 듯 내 침대와 방을 갈취하고서 편안하게 잘 요량이다 남의 집에서, 나와 J의 오붓하고 묵은 이야기는 불청객에게 강탈당하고 정서불안증 환자인 L은 이미 발작 같은 혀를 빗소리보다 크게 내질러대고, 타인의 고통을 걱정하는 척 쉽고 돌발적으로 타인에게 고통을 주면서 아무렴 어때? 호호 하하 그런 L이 지금 내 방에서 뒹굴고

　오로지 J를 위해 대구탕을 샀지, 꼴도 보기 싫었지만 상황에 붙어 있는 L도 아침 식탁에 함께 앉았지 나는 밤새 묵묵히 일만 했어 침대를 빼앗겨 잠도 못 잤고 묵묵히 여기 앉아 맛없이 밥을 먹고 있는 거야 진짜 재수 없는 게 뭔지 알아? 나의 다정한 J가 눈치 없는 L에게 신세지고 있다는 상황이지 눈치 있는 J는 그럼 안 되는 거였어 둘이 잘도 놀더니만, 쿨쿨 잠만 잘 자더니만, 밥만 잘 먹더니만, 손님 대접 불쾌했다 다시는 안 오겠다, 누가 내 손님이지? 나는 침묵했지,

봐요, 이런 상황, 누가 누구에게 할 소린지 모를 이런 상황

 만약에 폭우가 쏟아지지 않았더라면 그 밤에, 나는 얼마나 행복했을까요, 아주 오랜만에 J와의 오붓하고 묵은 이야기보따리를 풀어놓으며

 젠장, 물에 빠진 사람 건져주니 보따리 내놓으란 상황, 뒤통수 맞은 것도 모자라 앞통수도 맞아버렸네요, 아프게, 심하게 운수 나쁜 날

결혼식 마지막 날

이 나쁜 기류를 어떻게 생각해야 할까요

많은 것을 주었기에 아프게 버려진 기억들
나는 사람을 믿지 않기로 했어요
믿음이 만든 날카로운 칼날에 온몸이
붉은 줄장미마냥 칭칭

이 여린 피부로는 새살을 품어낼 수 없게 되었어요

신의의 고갈
평판이 중요한 사람들에 의해
나의 약속은 버려졌어요

통계에 따르면 천 퍼센트의 토파민을 만든다는
낮술이나 한잔, 하실래요?

마음을 꿰맨 흔적 꽁꽁 감추고
누구에게도 기억의 칼날 휘두르지 않았는데
착각이었나요?
피는 보이지 않는데 온통 상처라고

내 심장을 거침없이 베고 있군요

괜찮아요, 그렇게 하세요
통증 따위
당신들의 기쁨으로 견뎌낼게요
그러나 오늘
축제를 기념하여
후회의 굳은살과 훈장 같은 상처를
이 세상에 까발리겠어요
완전히 알몸으로
기꺼이

치통

나쁜 남자와 사는 여자를 곁에 둔 적 있었다. 담쟁이덩굴로 퍼져 오르는 남자의 독을 삼켜야 한 입은 수시로 피를 토하고 단아하던 웃음은 한낮 사막보다 건조했다. 검은 문어발을 가진 남자는 폭풍 같은 흡착력으로 여자의 모든 것을 빨아들이며 여자를 산산조각내면서 다정하게 말하곤 했다. 세상 누구보다 너만 사랑해, 더럽고 추악하게 사랑하고 또 사랑한다고, 개 같은 놈, 참아내지 않을 거야

그러나 사랑은 위대한 것! 30여 년이 지나버린 어린 우리는 더 이상 싱클레어도 데미안도 아니어서 아픈 독은 있어도 우정은 없었음을, 짓밟고 짓밟히고 버리고 버려져도 뱀의 혓바닥보다 간교한 남자의 손끝에 여자의 사랑이 대롱대롱 매달려 있었을 뿐. 세상 누구보다 너만 사랑해, 이 왕국 안의 모든 것이 너의 것, 너를 일깨우는 그 누구도 내 왕국에 들이지 마. 부러진 손가락으로 남자의 밥상을 차리는 여자는 함몰된 광산에서 견뎌낸 자기방어의 무인식증, 중독된 사랑의 슬픈 증인! 나와 마지막 통화를 끝내고 남자의 손끝 감옥에 스스로 갇힌 여자는 그날 밤 왕국에서 소멸했다

자존을 거부했던 여자의 상처는 아픈 화살로 날아왔다.

상처가 깊은 짐승은 곁에 두는 게 아니라는 만고의 진리를
간과한 나는 밤새 불면의 치통에 시달렸다

사람이 된 섬

나는 오래 산 사람
수백 년의 시간을 등에 진 사람
수백 번의 계절이 뒤바뀌어 봄이 오고
수백만의 꽃을 피우고 꽃을 몸에 묻는 사람
차갑고 날카로운 바람조차도 내 속의
불로 붉게 피워 올리며
뒤틀린 소사나무 근육질 몸매를 자랑하는 사람
겨울과 봄 사이에 사는 사람
시국의 봉수대 어깨에 꿰고
선홍빛 꽃바람 허리춤에 차고
출렁출렁 펼쳐진 푸른 파도 그물망 걷는 사람
거칠고 황량한 시간 위에 선 해식애 곁,
홀로 의연히 벗 되는 가덕도 등대 곁,
대항새바지 포구 돌아 외양포 해송 곁,
노래하는 국수봉 팔색조든 소쩍새든
붉은 동백꽃 볼에 눈 비비는 사람
맑은 하늘 햇볕 아래
눈부시게 빛나는 자연인 사람
나는 사람이 된 섬
그 꼭대기
연대봉

호미
— 가을

마르고 건조한 식물을 벨 땐 손가락을 조심해야 한다고
가능하면 아무것도 하지 말라고
어차피 추워지면 풀들은 말라죽을 것이고
그저 시간이나 벌면서 몸이나 챙기라고
겪어온 모든 것은 좋은 거름이 될 거라고
떠나가는 건 그냥 두라고

밤하늘 별조차 넉넉한 가을이라서
북두칠성이 호미 같다고 생각했던
여기는 고향이고 쪼그리고 앉아 별을 보던 곳
어린 나는 자라고 자라 주름이 늘 때마다
가을걷이로 피부를 내어주고
다부지게 가꾸던 풀밭도 내어주면서
늦게 가는 시계를 보며 오랜만에 고향에 오니
나처럼 자라서 낡은 호미가
대문을 열어주고

기청제 祈晴祭

이즈음이면 계속되는 장맛비
세상은 축축하고 눅눅해진 골방이 되고
한꺼번에 많아진 습기는 불편한 배탈을 끌어오고
아파서가 아니라 불안 때문이라고 쓸데없이 사족을 늘어놓는데

아직도 비는 그칠 줄 모르고 매년 넘치는 물
텔레비전에서는 하천 범람 피해를 보도하는데
그럼에도 불구하고 여전히 희망적으로

찬 배를 움켜쥐고 세상 밖으로 나와
기분 좋게 웃고 있는 수많은 잎사귀
비바람에 춤추는 부들레아 꽃뭉치들
애무하듯 다가서는 꽃나비들
배앓이처럼 꽃잎에 기대서는 흰나비, 노랑나비들

모두 같은 마음
레인 스톱!

4부

넌 또 어디로 간 거야?

안부 밖의 안부

지나치게 더운 날 카톡이 왔다 올해 목표량 130권 책 읽기. 쉽고 값싼 취미가 독서라 학창시절 생활기록부 단골 단어, 독서. 시간과 노력과 그 뒤를 위해 실행하는 독서는 지천에 넘쳐나는 책의 산 아래, 마치 아파트 분양하듯 권수를 줄 세운다. 이게 교양이야! 그렇습니다. 그런데 왜? 어떻게? 많고 많은 지식 중 허겁지겁 마음에 담기도 전에 쏟아지는 책의 무덤에 빠지지 말고 제 속에 담는 덕을 쌓으려면. 문자에 남겨진 의문은 소화와 실현의 방법. 근데 이걸 어쩌나! 전이나 후나 하나도 넓어지지 않은 심전心田도 함께 보냈으니, 그의 책 읽기는 숫자놀음이었나. 인간의 두뇌를 뛰어넘는 인공지능시대에 내가 세는 지식 숫자는 그저 한 자릿수. 그래도 마음밭을 가꾸며 잘 먹고, 잘 사는데

화이트초콜릿

만개했고 폭발했다

부서질 듯 날카로운 꽃잎이 회오리치고
단지 빛의 음영이 선을 그리고 바람은
너의 심장을 관통해서 내게로 오고 있다

빛의 기억은 메탈블루로 반사되어
꽃의 회오리로 빨려들면 우리는
깨뜨린 기억 조각의 퍼즐을 맞출 수 있겠지

가령 김지아나*의 손가락을 상상하면서

부드럽고 달콤한 너와의 시절
부재한 너를 위해 나는
그녀의 손가락이 구축한 흙의 시간을 보내줄게

순간 화이트초콜릿은 슬픈 꽃이 되면서

그녀의 무채색 공간이 걸린 벽 속에서
우리를 쓰다듬던 너의 손가락을 감각해

꽃의 저편으로 사라져가는 너를
부서지면서 내게 왔던 그 시절의 너를
세상의 끝처럼 빨려들었던 너를

기억은 영원히 꺼내볼 수 있는 선물일 테지

혀를 날름거리며 뱀처럼 사악한 이 시절
부정한 세상으로 정의의 달콤함을 확 뿌려놓은
네 불사의 손가락에서 너를 소환하여
우리는 다시

만개하고 폭발한다

* 김지아나 : '흙의 시인'으로 불리는 현대미술가. 그녀의 작업은 흙을 매체로 빛을 표현하는 특징을 갖고 있다.

함께였다는 빈말

멋진 풍경이다

짙은 침엽수림 뒤로 설산은 붉어지고 있다 점점
하늘과 산은 같은 빛깔로 시간을 조율하며
고개를 조금만 숙였는데
발아래 붉은 설산과 짙푸른 침엽수가 그대로
투명하게 눈부신 호수는
제 속의 깊이를 잃어 평평해져 있다 차차
흩어지는 구름이 하나씩 둘씩 등불처럼 매달린 채
호숫가로 미끄러지고
도무지 그 속내 알 수 없는 사람들도 미끄러지고
낯빛을 숨긴 인사가 호수 표면을 돌돌 돌다가

인사가 늦어진 건
지나치게 투명한 물 때문이라고
바라보던 사람들의 눈이 멀어버렸기 때문이라고
그 멋진 풍경으로 들어간 마음이
건져올릴 수 없는 깊이로 빨려들었기 때문이라고

나의 이젤로 내려앉은 석양 위로 수없이

침엽의 가시가 쑥쑥 가슴을 찔러대고
너의 사랑은 먼 하늘 새 떼로 흩어져버리고

한참 후
겨울바람이 호수 저편에서 불어오기 시작하고

아픈, 그러나 아프지 않은

　오래전 헤어진 애인이 왔다 웃으면서 그때같이 환한 얼굴로, 까맣게 잊고 있었는데 불현듯 꿈의 문을 두드렸다 우리는 웃으며 밥 먹고, 티브이를 보면서 깔깔거리고, 하늘하늘한 슬립의 끈을 잡아당겼다 팽팽해진 끈은 활시위가 되어 궤도를 벗어나고

　우리가 웃으며 그때처럼 헤어졌는지 어땠는지, 꿈속에 기대어 나를 바라보던 나는 기억의 골목길을 걷고 있었고 아직 남아 있는 너의 온기가 느껴져, 여기, 이 꿈속으로 우리가 오고 갔다는 게 믿어지지 않아, 그럼, 넌 또 어디로 간 거야? 조금 전까지 우리는 리스본 뒷골목 허름한 카페에 있었는데, 서로의 고백이 채 끝나지도 않았는데, 페소아와 함께 맞던 대서양의 비릿한 바람이 채 사라지지도 않았는데, 절절하게 가슴 에는 파두는 여전히 달빛 아래 녹고 있는데, 그럼, 우린 적당히 사랑했고, 적당히 미워했고, 적당히 매혹당했었나? 이 밤이 지나면, 이 밤이 지나 꿈의 문이 닫히면 우리에겐 무엇이 남아 있을까?

　혹은 알베르투 카에이루*에게 이 밤을, 리카르두 레이스**에게 이 밤의 꿈을, 우리를 자유롭게 꿈의 문을 젖혀 밤을

빠져나가는 뱀처럼 재빠르게, 흔적도 없이 기억의 저편으로 흘려버리든가…

*페르난두 페소아의 이명異名.
**페르난두 페소아의 이명異名.

잔디 깎기

지나가는 칠월 하늘이 흐리고도 높은 오후
코끝에 빠져드는 풀 향기 덕에 잠시
다가오는 가을은 상추밭에 앉았고
무성하게
흐드러진 여름이 부웅부웅
느린 소음 속으로 얼굴을 감추면
벌써 선선한 바람들
하루 혹은 이틀 사이
다 자라 집을 삼켜버리니, 풀은
불안해

먼지로 날리는 풀 비린내, 오래된 그리움의 향기
덮어쓰고
단정해진 풀밭에서 내미는
빨간 토마토 두 개,
담벼락 가엔 노란 들풀 남겨둔 여름 정원
질서와 무질서의 찰라
무덤덤한 여름이 왔다 갔다 하며
완두콩을 익히고 파슬리를 키우고
향기로운 시간을 붙잡아

풍성한 저녁 식탁을 차리니, 풀은
행복해

정원으로 내려앉는 불타는 하늘, 선선한 바람
붉은 포도주잔 기울이며 축복하는 여름
오래된 평온이 돌아온 집
사각사각 바람 소리 뿜어주며 묵묵히 선
여름 자작나무의
행복한 웃음소리

오란다

비행기 기내식에 오란다가 나왔다.

그녀는 오란다를 사면서 말한다
"이건 애들 게 아니라 남편 거예요. 오란다를 먹을 때 남편은 큰 애가 돼요."

밥도 제때 안 먹어 앙상한 가지 같은 그 남자는 정말로
오란다처럼 달달하다던 그 남자는 정말로
오란다만 맛나게 먹던 그 남자는 정말로
말라버린 엿처럼
엿같이 그녀 곁을 떠나버리고

죽음을 대비하지 못한 그녀의 장바구니엔
언제나처럼 남편의 오란다가
말라버린 엿처럼
찐득하고 끈적한 몰골로 눈물만 삼키고 있다

그리고 아무도 묻지 않았다

오늘도 그녀는 오란다 사러 마트로 가고 있다

검은 바람이 그녀의 머리카락을 감는다
시퐁 치마 사이로
앙상한 겨울 나뭇가지 같은 그녀 다리가
오란다를 담고 있다.

사라진 소리

아침에 눈을 떴을 때
창밖 잔가지도 새의 지저귐도 푸른 하늘도 어제와 같았지
베란다 안으로 밀려오는 삼월의 햇살은 여전히
방 안으로 들어와 아침을 재촉하고
시작을 알리는 시그널도 울렸지
변한 건 아무것도 없는 아침 출근 시간
시간도 사물도 그대로인데
창밖으로 보이는 텅 빈 거리

차로를 가득 메웠던 차들은 다 어디로 갔지?
한 치 양보도 없었던 출근길의 한적함에
소리 없이 내려앉은 공포
아침 출근은 집안에 가방을 내려놓고 현관문을 잠근 채
재잘거리는 아이들 대신 침묵의 꽃병에 꽃을 꽂았지

인사하던 입들은 다 어디로 갔나?
훈훈하던 온기는 어느 밤 사이
아무도 모르게 훅— 들이닥친 무형의 바이러스에게 다
빼앗겨
집 밖의 모든 손길은 싸늘하게 식어갔고

감염의 공포가 집들을 꽁꽁 묶어놓고
거리를 비워놓고
마스크 속 입들은 인사를 잃어버렸어

금정金井에 앉아

온 산을 둘러 꿰찬 산 정상 돌멩이 하나
산정기 고여 이룬 금빛 샘물
홍수에도 가뭄에도 개의치 않고
제 속의 태양 찬란히 빛내며
오색 물고기 구름 타고 내려와 노닐던
하늘의 어항에서
나도 한 마리, 금샘의 물고기가 되네
무한무욕 세상풍파 세월 속에 집을 짓는
한 마리, 금정어金井魚가 되네

단잠

어머나, 보이세요?
하늘에 떠 있는 거대한 알라딘 요술램프
어둠을 피해 조금 일찍 출발했어요
마법 같은 어둠의 동굴 속 탐험보단
감미롭게 세헤라자데가 흐르는
카사블랑카 카페가 좋겠어요

램프 속의 정령처럼 손을 비비면
짠— 하고 나타날 당신
어둠보다 빨리 내게로 오세요
램프 황금 테두리가 지워지기 전에
어둠보다 빨리

용다리 불꽃쇼

다낭 한 강 가로지르는 용다리
거대한 용이 꿈틀꿈틀 강을 건너는 다리
주말 밤마다 불 뿜고 물 뿜는 다리
현란한 네온이 강 모서리 수놓는 다리
밤의 인산인해가 돈 부리고 불 뿜어대는 다리
주머니에 쌓이는 돈과 비례하는 짙은 매연으로
점점 부유해지는 다리
용다리

도시의 랜드마크된 자부심 큰 다리
낮의 강을 지나는 쉬지 않는 오토바이들의 다리
공장으로 모이는 세상의 주문서 쥔 다리
마스크 벗으면 코가 따끔거리지만, 어때요
다리 위로 떨어지는 부富의 그림자
푸른 하늘에 그늘 좀 지면, 어때요
얼마나 윤택해졌는데요
이젠 돌아갈 수 없어요
강산을 바쳐도 가난은 싫어요

보세요, 저 용다리

성공을 장담하는 불꽃 뿜는 용다리
매일매일 쌓이는 이산화탄소의 질주를 먹고 사는 용다리
간간이
짙은 매연 사이로 비치는 파란 하늘
용다리 사이에 걸리곤 하지만
다낭 한 강 가득한 메케한 공기는
조금씩 조금씩
사람들 폐는 물론 지구의 허파도 녹이고 있어요
용다리 위에서

여름밤, 사라진 왈츠의 기억

  우리가 처음 만난 날의 바람이 불었어. 잔잔하고 서늘하게 여름이 지나치는 길목.
  여름은 추억의 푸른 원피스를 입고 출렁출렁 춤을 추었어. 빙글빙글 너를 향해 돌고 있는 수줍은 마음은 낮의 뙤약볕보다 뜨겁고 달콤하고 우울했어

  사랑도 때로는 우울하다는 거, 너무 인간적이지 않아?

  판유리 창밖으로 비늘처럼 흐르는 비의 파도는 밤새 멈추지 않았어. 늦은 나뭇가지 위에서 축축한 밤을 보내야 하는 새들이 빠르게 울고선 울음의 흔적을 지워버렸어. 이렇게 지루한 여름은 처음이야. 너의 귀로 글로켄슈필을 통, 통, 쳐줄까?

  파사칼리아 연주가 흐르는 여행지의 낯선 거리를 걷던 경쾌한 발걸음이 멈추면 느리고 풍부한 표정으로 끓여주었던 오후의 차 한잔. 사랑은 낯선 종착지를 향한 항해 같았지. 한낮 윤슬 내리는 평온의 끝을 미리 알 수만 있어도 파도 따윈 두렵지 않았을 텐데, 일 초 동안의 자이빙으로 모든 것이 달아나버리곤 하지, 사랑의 바다에선

통, 통, 울려 퍼지는 음의 끝에서 회오리바람 감은 채 요동치는 붐의 춤사위와 마스트에 걸린 미친 밧줄. 신기루처럼 사라진 우리들의 이야기. 우리는 종종 늦가을의 바람을 맞으며 여름밤을 보내곤 했지. 늦은 기억 위로 따르는 피의 와인을 마시며 바빠지기 시작한 매미의 소란한 음악을 듣고 있었어

욕망의 끝에 닿은 너의 항해는 즐거웠니?

폭우 속으로 밀친 너의 숭고함을 낚은 나는 불행하지 않아, 해안가에 너를 걸쳐놓고 맑고 따사로운 햇살로 상처난 고통을 잘 말려주었어. 심한 변주가 계속되는 난해한 욕정에도 왈츠의 진실한 화음은 흐트러지지 않아, 오랫동안 네게 들려줄 연주를 준비했어. 잘 마른 너와 피의 와인을 마시며 밤새 흐르는 비의 눈물로, 지친 새들의 합창으로, 보름달 아래였던 한밤의 요트에서

호미
―겨울

　마른 땅에 닿았다 여정은 길었고 길은 험했다

　입원은 이 주일간 계속되고 그 여자는 단 하룻밤도 병실에 남지 않았다 겨우 새댁이었는데 온갖 핑계로 시간을 빗겨나갔다 무경우의 화풀이는 엉뚱하게도 너를 가해하는 것으로 끝을 맺었다 마른 땅에 붉은 핏방울이 꽃무늬로 피어났다

　용서란 어떤 감정일까? 여자의 아이를 보며 너를 향해 달려오는 천진무구한 눈을 보며 그 간절한 눈을 보며 너는 너의 가해자를 용서해본다 그러나 용서가 면죄부는 아니다 아이는 가끔 너를 보며 웃었고 너는 반복해 찾아오는 상처를 외면했다 이제 겨우 태어난 아이의 처연한 눈빛이 부모의 용서를 빌었으므로

　꽃 모양의 상처는 꽃이 될 수 없다 끝없이 복기되는 기억 뭉치를 지우지 않는 한 불멸한다 올겨울 유난히 날선 바람이 네 상처의 껍질을 도려내어 오래된 상처가 짓이겨졌다 아이는 여자를 닮아갔고 더는 외면해줄 상처도 없었다 겨울 마른 땅에 꽃 모양 상처가 피어올라 봄이 오기 전에 미리

호미질해야겠다고 너는 생각했다

해설

시간의 색채와 풍경의 이면

김정수/ 시인

  당연하게도, 인간은 뒤가 아닌 앞을 보고 걷는다. 그 앞은 인체의 방향성과 공간에 대한 인식에서 비롯된다. 눈/시각, 귀/청각, 코/후각 등 감각할 수 있는 얼굴과 발의 형태는 전방前方을 인지하고 앞으로 나아갈 수 있는 방향키 역할을 한다. 특히 눈은 전방을 중점으로 하여 주변 사물과 공간을 관찰해 판단이나 행동을 할 수 있는 동기를 부여한다. 이때 앞은 전방에, 뒤는 후방에 위치한다. 여기에 시간이 개입하면 앞과 뒤의 개념은 고정되지 않고 흔들린다. 앞은 밝은 미래나 희망과 전망을, 뒤는 과거 회상이나 퇴보와 후퇴를 상징한다. 앞은 겉모습이나 긍정, 뒤는 이면이나 부정이라는 의미는 변함없지만, 시간의 상징성이 부여되는 순간 앞과 뒤의 개념은 변화한다. 가령 '1분 후의 세상'이라 할 때, '후後'는 뒤쪽이 아닌 반대인 앞쪽이 된다. 즉 과거가 아닌 미래를 뜻한다.

  김점미 시인은 첫 시집 『한 시간 후, 세상은』(북인, 2013)

의 표제시에서 "한 시간 후의 세상"을 "빛의 세계,/ 예측 불가한 미지의 신세계"로 규정하고 있다. '시간'과 '후'의 결합으로 '후'가 뒤가 아닌 앞으로 의미가 변하면서 어둠은 "빛"으로, 과거는 "미지의 세계"로 변화의 역전 현상이 일어난다. 시인은 현대사회의 급변하는 속도와 예측 불가능성에서 그동안 소중하게 여기던 정통적 가치나 약속은 소용이 없고, 속도에 적응하면서 끊임없이 변화해야만 살아남을 수 있음을 피력한다. "세상은 한 시간이 채 지나기도 전"에 자태와 용모, 생각과 이데올로기 그리고 생활 패턴과 약속을 바꿔버린다. 짧다면 짧고 길다면 긴 한 시간 동안 세상의 진실은 소멸하고 생성한다. 한 시간이 아니라 더 세분화한 시간으로 쪼개서 살아야 개인도, 기업도 살아남는다고 충고한다. 지금 눈앞에 보이는 것만이 진실이고, 옆으로 고개를 돌리면 이전의 "세상은 없는 시대"라고 단언하기도 한다.

2013년 "한 시간 후의 세상"과 2025년 "애초에 없었던 시간"('시인의 말') 사이에 두 번째 시집 『오늘은 눈이 내리는 저녁이야』(산지니, 2021)가 놓여 있다. 시 「한 시간 후, 세상은」에서 "눈앞의 진실만"을 믿던 시인을 오래 침묵하게 한 것은 무엇일까. 시인은 "날 못 견디게 하는 건 시간"(「덫」)이라며, "내가 포기했던 시간"은 "치명적 실패"였다고 고백한다. 시 「오 분 후」에서는 "마음이 없으면/ 오 분"은 50분이나 5일, 나아가 5년이나 50년이 될 수 있다며 '사랑과 마음'의 중요성을 토로한다. 한 시간 후, 예측 불가한 세상에 '빛의 환희'뿐만 아니라 '어둠의 덫'도 존재했음을 짐작게 한다. 불

확실한 "시간을 견딘 것에 대한"(이하 「얼굴」) 책임은 결국 '얼굴'이 진다. 신체적으로 사람을 대표하는 얼굴은 '앞으로 나아가는' 일차적 책임뿐 아니라 "자신만의 기법으로 그려낸 단 한 편의 회화"이기도 하다.

앞선 두 권의 시집 해설을 쓴 구모룡 문학평론가는 첫 시집을 "회화적인 상상력으로 자기를 사유한다"라고, 두 번째 시집을 "자기 앞의 생을 깊이 응시하는 시선의 목소리를 담고 있다"라고 평가한다. 결국 일상에서 체득한 생활 윤리와 철학적 사유가 시에 고스란히 녹아 있다는 뜻이다. 김점미 시인은 삶의 속도가 무뎌지고 "세상이 발전하는 동안 우린 너무 지치고 병들었"(「눈오리」)음을 자각한다. 첫 시집에서 시간의 변화와 속도에 맞춰 치열한 삶을 살았다면, 두 번째 시집에서는 시간의 속도를 초월해서 삶 자체를 늦추고, 새로운 삶의 여정에서 발생하는 모든 걸 기꺼이 감수하고자 한다.

"한 시간 후", 그리고 "오 분 후"를 지나 어느덧 22년이 흘렀다. 소수점 이하 초 단위로 쪼개지던 시간의 속도와 숫자 '5'의 단위로 사랑의 풍경을 그려내던 시인은 어떤 키워드를 들고 찾아왔을까. 안락을 거부하던 시인이 낯선 풍경과 운명적 사랑으로 삶과 시에 얼마나 많은 변화를 주고 있을까. 시인의 앞에는 어떤 익숙하고도 낯선 풍경이 펼쳐지고 있을까. 시간의 속도나 사랑의 농도만큼 주변의 풍경도 변한다. 하지만 낯선 여행지의 오래된 풍경처럼 변하지 않는 아름다움도 있다. 시간의 더께가 느껴지는 웅장한 건축물은 풍경의 아름다움에 사유의 깊이를 더한다. 그에 비해 일상에서 마주치는 눈에 익은 풍경은 '편안'과 '안정'을 제공해줄지 몰라도 '새로움'이나 '호기심'을 유발하지는 않는다. 아름다움의 강도 또한 낯선 여행지만큼 강렬하지도 않다. 하지만 무심코 지나친 풍경의 이면에 '불편한 진실'이 숨어 있다면 그 풍경을 아름답게만, '편안'과 '안정'으로 바라볼 수만은 없을 것이다.

> 각기 다른 가방 꾸리며 떠나는 여행지
> 여기는 세상 한켠이면서 세상 전부이고
> 동양이면서 서양이고
> 오늘이면서 내일이고
> 현재이면서 과거이고
> 산 자와 죽은 자가 함께 모여
> 나른한 오후의 담소 즐기는
> ─「행복한 도서관」,『오늘은 눈이 내리는 저녁이야』 부분

김점미 시인은 시간이 "정지된 듯한 느낌이 싫어서 사람들을 만나지 않는다"(첫 시집,「통화」)고 했는데 아이러니하게도 "출렁출렁 사람의 바다를 유영"(이하「행복한 도서관」)한다. "서 있는 사람, 앉아 있는 사람, 누워 있는 사람, 말쑥한 사람, 지저분한 사람"들 틈에서 호흡하며 살아간다. 현대사회의 급격한 속도 경쟁에서 한발 물러나 세상 풍경을 완상하고, 사람들과의 관계를 다시 설정했기에 가능한 일

이다. 어쩌면 "여행지"에서 만난 인연의 힘일지도 모른다. "봄 햇살이 꿈의 책장을 넘기"는 "행복한 바닷가 도서관"은 "아픔이면서 희망"이다. 세상의 한 부분이면서 전부, 오늘이면서 내일이기도 하다.

 시인은 "산 자와 죽은 자가 함께 모여/ 나른한 오후의 담소(를) 즐기는" 기이한 풍경을 행복하다고 표현한다. 사실 아이들이 재잘거리다가 조용히 책을 읽고, "문을 열면" 바다가 "연분홍 꽃잎을 머금고 걸어오"고, 신록이 우거진 도서관 풍경은 시인이 어릴 적부터 꿈꾸던 '유토피아'이기도 하다. 유토피아가 "인간의 영역이 아니라 신의 영역"(첫 시집 '시인의 말')임을 깨닫고는 절망하지만 시간의 속도에 따른 피로, 불편한 사람들과의 관계성, 진실과 믿음의 상실에도 의식의 한 귀퉁이에 머무는 유토피아를 내치지는 못하고 있다.

 세상은 시인을 아름다운 서정의 세계에만 머물러 있도록 하지도 않는다. 우리가 속한 세계의 안과 밖에서 크고 작은 사고가 빈번하게 발생한다. 국경 밖에선 우크라이나 전쟁, 국경 안에선 세월호·이태원 참사로 희생된 사람들과 느닷없는 비상계엄으로 혼란스러워진 삶을 다시 정상으로 되돌리기 위해 광장으로 나온 촛불 든 시민들. 그런 관점에서 본다면 산 사람과 죽은 자가 한데 어울리는 풍경을 애정 어린 시선으로 묘사한 「행복한 도서관」은 세 번째 시집 『우리는 얼마나 오래 우리를 기억할까』의 방향성을 제시한다고 볼 수 있다.

시집 초반에 배치된 평범한 사람들에게 가해진 폭력과 안타까운 희생을 조명한 「민어탕」, 「오늘은 그의 진혼곡이 울려 퍼지고」, 「인형극놀이」, 「새봄, 오 새봄아!」, 「그날의 보고서」, 「이태원 민들레」, 「다시, 촛불」 등의 시편을 주목한 이유다. 이들 시편을 통해 시인이 바라보는 세상의 풍경이 어디에 머무는지를 알 수 있다. 과거의 아픔과 상처가 아직 끝나지 않았고, 시인은 거대한 슬픔과 함께하고 있다는 것을.

> 지금이 시즌이란다
> 퍼덕이는 비늘이 아침마다 살아 오르는
> 그런 시즌이란다
>
> 요리 연구가는 말한다
> 민어탕을 끓이려면 살아 퍼덕이는 놈보단
> 햇볕에 오래 걸려 있던
> 완전히 마르지도 축축하지도 않은 놈이 비린내 나지
> 않는다고
>
> 온전히 향과 맛을 즐기려면
> 맹물을 끓이고 통후추 몇 알과 소금만으로
> 너무 짧지도 길지도 않은 시간이 매치 포인트!
>
> 담백하고 시원한 여름을 먹는다
> 맑은 국물 한 숟가락 목구멍에 넘기자

부욱~ 부욱~ 부욱
입안에서 민어가 운다
퍼덕이는 비늘이 운다

서민이 사라지는 시즌에 먹는
서민[民魚] 생선탕
제 살을 파먹는 고통이 울컥 눈물을 만들어
싱싱한 순수는 반만 상하게
딱딱한 이기심은 반만 물렁하게

그래서 민어탕은
짙은 양념으로 속내 감춘 매운탕 대신
담백한 싱건탕이 제맛

세상이 제아무리 난세라 하여도
지금이 시즌이란다, 퍼덕이며 살아 오르는 비늘의 힘으로
지극히 정의롭고 지극히 상식적인
가장 보통의 밥상을 위하여
맑고 담백한 민어탕, 다시 끓일 시즌이란다
―「민어탕」 전문

지금, 시인의 관심은 "서민"이라는 존재에 머문다. 지금은 '귀한 생선'이 됐지만, 민어民魚는 한때 '백성의 물고기'로 불

렸다. '흔한'에서 '귀한' 생선으로 자리를 옮겨 앉은 건 환경적 요인도 작용했겠지만, 결국 남획에 따른 '희소성' 때문이다. 민어의 자리에 서민을 대입해보면, 남획은 대량 학살이나 참사가 되지 않을까. 시인은 "서민이 사라지는" 힘든 시기에 서민의 음식인 민어탕을 먹어야 하는, 아이러니한 현실에 주목한다. 시인은 시간보다 확장된 어떤 활동이 가장 활발히 이루어지는 시기를 뜻하는 '시즌season'을 들고나온다.

민어의 제철은 무더운 여름이다. 예전의 민어탕은 힘겨운 무더위를 견디게 해주는 흔하고도 귀한 음식이었다. 단순히 계절 음식이 아니라 서민의 존재 확인과 시대적 아픔이 배어 있는 음식이다. 서민이 먹는 민어탕은 한 끼 식사의 의미를 넘어 "제 살을 파먹는 고통"이다. "제 살"은 단순히 내 살에 한정되지 않고 '서민의 살'로 확장된다. 민어탕을 통해 좁은 공간에서 서로 살을 파먹어야만 살아갈 수 있는 힘없는 서민들의 현실과 사회적 모순성을 고발한다. 그리하여 "민어가 운다/ 퍼덕이는 비늘이 운다"는 건, 곧 서민이 우는 것이다. "짙은 양념으로 속내 감춘 매운탕"은 속칭 '귀한 자'들의 위선과 탐욕을, "담백한 싱건탕"은 평범한 서민들의 "지극히 상식적"인 정의로움을 의미한다.

시인은 "지금"과 "시즌"을 통해 현실 직시와 사회적 참사 그리고 안타까운 희생의 반복성을 암시한다. 민어의 한창때는 삶의 환경과 공간에 따라 달라진다. 바닷속에서 살아 있을 때는 아침마다 비늘이 살아 오르고, 어부의 손에 잡혀 햇볕에 걸려 있을 때는 "완전히 마르지도 축축하지도 않은" 시기가 적기다. 시인은 "지금이 시즌"이라는 반복적 선언을 통해 계절의 순환을 환기하는 동시에 서민이 대접받는, 상식과 정의가 다시 살아나야 할 때임을 적시한다. 지금은 "가장 보통의 밥상", 즉 가장 서민적인 삶의 회복을 위해 "맑고 담백한 민어탕"을 "다시 끓일 시즌"이다. 광장에서 다시 든 촛불이 "세대世代의 희망으로/ 활활 타오르"(「다시, 촛불」)기를 바라면서.

> 예전에는 운동장 한켠 높은 기둥을 박고 그 끝에 사오
> 층으로 지은 집에서 살았어. 그때 우리는 거리 퍼레이드
> 가 없으면 각기 자유롭게 허공 위 집으로 오르락내리락
> 밥 싸움 없이 사이좋게 지냈지
>
> ―「가여운 평화」 부분

이 시에서 '평화의 상징'인 비둘기가 서민의 자리를 대신한다. 한때 "자유롭게 허공"을 날아다니고, "사이좋게" 먹이를 쪼아먹던 비둘기는 사람들이 던져주는 모이에 길들어 '허공의 자유'를 잃어버린다. "출처 없는 묵은 쌀알"에 영혼을 파는 줄도 모르고, 안락과 탐욕을 추구한 대가다. 거대한 자본의 노예가 돼서 그들이 던져주는 약간의 콩고물을 두고 서로 싸우는 서민의 형국과 다르지 않다. 드넓은 하늘과 운동장은 어느새 가진 자들의 차지가 되고, 종국에는 "한 귀퉁이로 몰려드는 천덕꾸러기" 신세로 전락하고 만다. 자신이 노예로 전락했다는 사실조차 망각하며 산다. '평화'

는 잃어버리고, 가여운 존재로 전락한다.

  이처럼 이 시는 안락과 탐욕으로 과거에 간직하고 있던 고유성과 순수함을 잃어버린 채 자본주의시대를 살아가고 있는 현대인의 비극을 날카롭게 풍자한다. 시인은 시민의 각성이 진실과 정의, 신뢰를 회복하고 서민을 '원래의 자리'에 위치시키는 첩경이라 생각하는 듯하다.

    온통 붉게, 봄보다 먼저
    노란 이빨 내밀며 환하게 웃던
    붉은 입 핀 자리

    봄 인사 보내는 삼월이
    오늘은 달지 않아, 씀바귀보다 써

    평생 변하지 않으리라 맹세했던 진초록의 두 손, 그대로
    그대로인데
    개나리도 진달래도 산수유도 벚꽃도 살랑거리는 봄,
  그대로
    눈부신 신록으로 무장한 오늘의 바람, 그대로
    그대로인데

    꽃 인사 보내는 사월이
    오늘은 아름답지 않아, 모래바람보다 깔끄러워

모든 어긋남은 한 끗 차이
희망의 아지랑이 피어올라야 할 자리에
꽃의 향연으로 빠져들어야 할 산천에
붉은 눈물 뚝뚝 흘리는
동백꽃 진 자리

진실 버스가 지나가는 도로 옆 길가
노란 리본 물결 따라가는 노랑나비 눈물
알록달록 얼룩진 봄

올해는
봄이 아프다!

―「잘못된 만남」 전문

    2014년 4월, 세월호 참사 이후 봄은 더 이상 아름답지 않다. 2022년 10월, 이태원 참사 이후 가을도 더 이상 아름답지 않다. 봄과 가을은 아름다운 풍경 대신 "온통 붉"고도 "노란 이빨"을 드러낸 추악한 "입"으로 다가온다. "붉은 입"이 상징하는 것은 '거짓'과 '선동'이다. 반면 붉은 동백꽃은 진정한 사랑과 변치 않는 마음을 상징한다. "동백꽃 진 자리"에서 "뚝뚝 흘리는" 눈물은 비극적인 사건으로 인한 희생과 추모를 뜻한다. 망각은 힘이 세지만, 시인은 절대 잊지 않는다. "평생 변하지 않"겠다는 맹세와 자연환경은 그대로인데 오늘은 예사롭지 않다.

왜 그럴까. "올해는/ 봄이" 왜 유독 아플까. 잘못된 만남이 의미하는 바는 무엇일까. "꽃 인사 보내는 사월", 향연이 펼쳐지고 있다. 그 순간 시인의 눈에 한 장면이 들어온다. 진상 규명을 위해 전국을 순회하던 이태원 참사 유가족을 태운 "진실 버스가 지나가는 도로 옆 길가"에 세월호 참사의 진상 규명과 기억을 위한 전국 행렬이 지나치거나 교차한다. 슬픔과 슬픔이 만나 아픔은 배가된다. 올해의 봄이 더 아픈 이유다. 이 장면을 목도한 시인의 귀에 "팽목항 시퍼런 바닷속 304개의 종소리/ 이태원 골목길 휘도는 159개의 종소리"가 들려오는 듯하다. 이 추모의 종소리는 이 땅에만 머물지 않고, 경계 밖까지 울려 퍼진다.

> 이제 가야 할 시간
> 길은 멀리까지 열려 있고 바람은 길잡이가 되고
> 해는 점점 기울어
>
> 가볍게 불어오는 작은 종소리
> 눈을 감고 바람을 따라가
>
> 세상에서 가장 건조한 땅, 시간을 거슬러도
> 까칠한 먼지만 피어오르는 아픔의 땅,
> 세상 어디에나 생길 수 있는 사막, 아타카마로
> 그곳에 묻힌 얼굴도 이름도 모르는 수천의 사람들을 만나러

문을 열자
빛보다 먼저 울리는 가냘픈 종소리
800개의 바람이 내는 작은 영혼의 울음소리
흐릿한 초상화의 검은 무덤을 지나

벽은 사막을 향해 열려 있고
아니미타스가 상영 중인 사막 한가운데서
상심에 빠진 볼탕스키와 함께

(중략)

오늘은 그의 진혼곡이 울려 퍼지고

팽목항 시퍼런 바닷속 304개의 종소리
이태원 골목길 휘도는 159개의 종소리
조문도 없이
세상의 이편과 저편을 유영하는 아니미타스의 바람

다시, 문을 열자
공기보다 먼저 숨 막는 새빨간 거짓말들
수만 가지 미소로 선량하게 웃는 마녀의 웃음소리
찢어진 눈꼬리에 앉은 섬뜩한 바이러스
울퉁불퉁 찌그러진 오늘, 이곳은

마녀의 시대

—「오늘은 그의 진혼곡이 울려 퍼지고」 부분

　이 시는 2021년 부산시립미술관에서 열린 '크리스티앙 볼탕스키 4.4' 첫 유고전을 관람하고 쓴 것으로 보인다. 프랑스 출신의 볼탕스키는 조각가, 사진작가, 화가, 영화제작자로 여러 방면에서 활동했으며, 사진 설치미술과 현대 프랑스 개념주의 양식으로 잘 알려져 있다. 〈아니미타스Animitas〉는 칠레 아타카마 사막에 만든 '작은 영혼'이라는 뜻의 볼탕스키의 작품이다. 칠레의 독재자 아우구스토 피노체트가 정치범 수천 명을 이곳에 매장했고, 볼탕스키는 이를 추모하기 위해 아타카마 사막에 일본의 후린(風鈴) 800개를 설치해서 바람에 흔들리는 모습을 13시간 동안 영상을 촬영해 보여준다. 유대인의 피를 물려받은 볼탕스키는 홀로코스트의 기억과 애도, 추모 등의 다양한 작품을 선보였다.

　전시회는 "문을 열"면 관람할 수 있지만, 시인은 "이제 가야 할 시간"이라는 죽음의 이미지로 시작을 알린다. 이는 평생 죽음을 모티프로 삼은, 부산 전시를 앞두고 생을 마감한 볼탕스키의 영혼을 추모하는 동시에 아타카마 사막에 묻힌 영혼들을 애도하려는 의중의 반영이나. 이 시는 볼낭스키의 생애와 전시된 작품 중 〈아니미타스〉를 중심으로 죽음과 기억, 현대사회의 폭력과 위선 등을 다층적 구조로 그린 작품이다. 아타카마 사막의 홀로코스트는 "팽목항 시퍼런 바닷속"과 "이태원 골목길"로 교차하며 확장된다. "세상의 이편과 저편을 유영하는" 바람 소리와 쉼 없이 울려대는 "종소리"는 망자를 위한 진혼곡이다.

    문제는 부정부패의 사슬을 끊지 못하고 "변명과 조작", "새빨간 거짓말"로 진실을 감춘다면 홀로코스트나 사회적 비극과 슬픔은 되풀이될 수 있다는 점이다. 선량해보이는 "마녀의 웃음" 뒤에 감춰진 진정한 의도를 파악하지 못하거나 "섬뜩한" 전염성을 눈치채지 못하면 우리가 사는 세상은 언제든지 비극의 현장으로 전락할 수 있다. "상처의 가장자리가 사라지기도 전에/ 새로운 생채기를 만든 늑대무리"(이하 「새봄, 오 새봄아!」)를 철저히 단죄하지 않는다면, "황금보다 빛나는 청춘"들이 다시 "마녀의 시대"를 겪어야 한다. 그것은 역사의 교훈이다.

    오늘은 역사적인 날이란다, 나는 브레멘에서 베를린 슈
  틸러슈트라세까지
    처음으로 차를 몰고 달렸단다, 아우토반은 한적했지만
    나도 모르게 높아져 가는 속도는 역사의 변곡점
    나는 흥분되어 있었고
    이 마지막 흥분이 너에게 줄 필연의 의무임을 알기에

    차창 밖으로 흩어지는 나와 너의 20대가 보여
    나와 너는 40여 년 시간을 유영하는 하나이기에

    서울의 봄이 헤집었던 상처의 가장자리가 사라지기도

> 전에
>
> 새로운 생채기를 만든 늑대무리
>
> 이건 용서할 수 없는 문제야
>
> 너의 봄을, 너의 젊음을, 너의 자유를 앗을 권리는 없어
>
> 황금보다 빛나는 청춘, 새봄아!
>
> ―「새봄, 오 새봄아!」 부분

시인은 지금, 독일 베를린에서 제자에게 편지를 쓰고 있다. "브레멘에서 베를린 슈튈러슈트라세까지" 아우토반을 신나게 달려 제21대 대통령선거 국외자 투표를 위해 베를린에 머물고 있다. 슈튈러슈트라세 10번지에는 국외자 투표를 할 수 있는 주독일 대한민국 대사관이 있다. 시인은 "역사의 변곡점"인 선거일을 "역사적인 날"이라 선언한다.

12·3 비상계엄으로 촉발된 대통령 탄핵, 이어 치러진 대통령선거, 국외자 투표. 편지에는 남편의 나라 독일에 거주해 "그 겨울 키세스 시위대"와 함께하지 못한 미안함과 대견함이 묻어난다. 선거를 마치고 "대사관 문을 열고 나오자" 함박눈처럼 하얀 꽃가루가 날리는 것을 본 시인은 "봄이 와 있"음을 실감한다. "알록달록 얼룩진 봄"(「잘못된 만남」)이 끝나고 진정한 "서울의 봄"이 찾아왔음을 예감한다. 어둡고 긴 터널의 끝에 와 있다는 생각에 "경이롭게 빛날" 새로운 세상이 열릴 것임을 확신하기에 아마도 제자에게 '희망의 편지'를 썼을 것이다.

나의 산책길은 참 아름다워요
수많은 오색방울새의 재잘거림으로 가득한
그 길 위에서 만나는 사람들은 수 세기를 거쳐 왔어요

큰 주거단지의 베란다 창문은
길 건너편 공원묘지로 열려 있고
신선한 바람은 그곳에서 불어오죠
산 자와 사자가 함께 사는 이 길 걸을 때마다

나는 오래된 도시의 향기를 떠올려요

번잡한 슈테글리츠에 닿으면
과거의 베를린에 없었던 신자본주의 발자국과
다채로운 빛깔의 사람들과 함께, 잠시
나도 이방인임을 잊어요

나는 오래된 도시의 힘에 움찔해요

친구가 웃으며 다가오네요
후겐두벨 서점에서 만나는 소설가 한강 씨
그녀의 웃음은 함박꽃보다 컸고
우리는 얼마나 달달하게 커피를 마셨던지요

이 거리의 평화는 혼종의 자유로움이에요

눈치 보지 않고 곁눈질하지 않고 온통 뒤섞인
무질서 속 질서가 실현되는 자유
상식이 상식 같지 않고 인격이 인격 같지 않았던 사슬 고리가
단박에 풀렸다는 소식 당도한 여기
슈테글리츠

마음이 도착한 고향은 가깝고도 멀지만
타인인 채 낯설게 익숙한 이 거리 끝은 언제나
부산 바다로 펼쳐져 있어요

어떻게 견뎠는지 기억조차 없는 비열한 시간
끝난 듯 끝나지 않은 채 꿈틀거리는 인간 속 야만
그럼에도 아직은, 평화로운 공기
지금은 이 속에 잠겨볼래요

그래서 산책길은 참 아름다워요
그 길 위에서 만나는 산 자와 사자의 이야기는
수 세기를 지나도 여기에 있는 거예요
여전히

―「베를린 아, 베를린 1. 슈테글리츠」전문

시인은 다시 베를린 슈테글리츠 거리를 산책하고 있다. 시인의 주석에 의하면, 오색방울새Stieglitz가 많이 살아 지

역의 이름이 슈테글리츠Steglitz라고 한다. 이방인의 눈에 비친 풍경은 아름답다. 시인은 "낯설게 익숙한" 거리의 풍경에 눈길을 주기보다 오색방울새와 사람들의 조화로운 공존과 역사성에 주목한다. 이 둘은 서로 해를 끼치거나 영역을 침범하지 않은 채 거리의 평화를 공유한다. 한 시즌만 그런 것이 아니라 세대를 이어 도시의 자연을 공유하며 공존하고 있다. 거리에 오색방울새가 사라지지 않은 한 '거리의 평화'는 유지될 것이다.

다음으로 시인의 눈에 들어온 풍경은 "주거단지"와 "공원묘지"다. 살아 있는 자와 죽은 자의 공존은 이방인의 눈에 낯선 풍광이다. 삶과 죽음이 공존하는 풍경은 생명의 유한성과 역사의 무게를 동시에 느끼게 한다. 오색방울새와 사람들 사이에 "재잘거림"이 존재한다면, 주거단지와 공원묘지 사이에는 "바람"이 존재한다. 공원묘지가 주는 무거운 어의와 달리 그 바람은 신선하다. 그 신선함은 단지 바람만이 아니라 산 자와 죽은 자의 묘한 조화를 의미한다.

이에 그치지 않고 "오래된 도시"와 "신자본주의 발자국", "다채로운 빛깔의 사람들"과 "나", "슈테글리츠"와 "부산" 등 복합적 감정과 공간의 기억이 교차해 나타난다. 시인은 이를 "혼종의 자유로움"이라 명명한다. 딴 계통과 섞이지 않은 순종純種이 아니라 혼종混種의 자유는 "무질서 속(의) 질서", 상식과 인격이 통하는 사회를 말한다. 하지만 인간의 내면에 잠재된 양가적兩價的 감정은 언제든 질서를 무질서로, 자유를 구속으로, 자유를 억압으로 바꿀 수 있다. "그럼에도 아직" 공기는 평화롭고, 산책길은 여전히 아름답다.

꽃 같은 그녀가 지나가니

향기 뚝 뚝 붉디붉게 떨어지고

하늘 언제나처럼 짙푸르고

누군가는 떨어지는 꽃이 되고

누군가는 몰려드는 먹구름 되고

그렇게 우리는

꽃이 된 그녀 속으로 타들어 가고
― 「호미 ― 봄」 전문

   한국에 호미를 두고 왔어요, 손가락에 포도가 너무 많이 열려버렸어요, 주렁주렁 포도송이는 풍성해지고 상추키도 우뚝한데, 수확이 필요한 건 밭이 아니라 시 한 줄 못 쓰는 불모의 손가락, 축 늘어진 여름 사이사이로 자라는 땅, 잡념은 잡초로 쑥쑥 자라나 밭의 여기저기 뒹구는 골프공, 땀이 뚝뚝 흘러내리는 손에 오래도록 흙을 갈구던 호미질이 필요해요, 토마토가 다 익어 밭이 온통 붉게

물들기 전에 오늘의 시 한 편을 마무리해야 해요
—「호미 — 여름」 부분

어린 나는 자라고 자라 주름이 늘 때마다
가을걷이로 피부를 내어주고
다부지게 가꾸던 풀밭도 내어주면서
늦게 가는 시계를 보며 오랜만에 고향에 오니
나처럼 자라서 낡은 호미가
대문을 열어주고
—「호미 — 가을」 부분

꽃 모양의 상처는 꽃이 될 수 없다 끝없이 복기되는 기억 뭉치를 지우지 않는 한 불멸한다. 올겨울 유난히 날 선 바람이 네 상처의 껍질을 도려내어 오래된 상처가 짓이겨졌다 아이는 여자를 닮아갔고 더는 외면해줄 상처도 없었다 겨울 마른 땅에 꽃 모양 상처가 피어올라 봄이 오기 전에 미리 호미질해야겠다고 너는 생각했다
—「호미 — 겨울」 부분

시인이 독일로 가져간("한국에 호미를 두고 왔"다고 진술하지만, 나중에 가져갔을 것으로 보이는) 호미도 결국 '혼종'이다. 한국의 호미로 독일 주택의 정원이나 텃밭을 가꾸는 장면을 상상해보라. 얼마나 이질적인 평화인가. 연작에서 호미는 기본적으로 노동의 도구이면서 시를 쓰는 창작

의 도구, 삶을 가꾸는 몸의 기억으로 확장된다. 물론 한국과 독일을 오가는 시인의 자화상이다.

시인은 「호미」 연작시를 1부에 봄, 2부에 여름, 3부에 가을, 4부에 겨울을 전략적으로 분산·배치한다. '호미'라는 사물을 중심으로 인간의 삶, 노동, 기억, 상처를 계절의 순환성을 통해 은유적으로 보여준다. '봄'은 생명과 사랑이 시작하는 계절이다. "꽃 같은 그녀가 지나가"자 붉은 향기 뚝뚝 떨어지고, 하늘은 짙푸르다. 하지만 봄이라 해서 생동감 넘치는 것은 아니다. 사랑의 좌절도 겪는 '낙화의 계절'이기도 하다. '여름'은 노동의 결실이 익어가는 계절이다. "토마토"나 "상추", "포도"뿐 아니라 "잡초"와 "독버섯"도 같이 번성한다. 희비가 교차하는 '과잉의 계절'이다. "쑥쑥 자라"는 잡초가 잡념으로 치환되는 순간 호미는 펜으로 변신한다.

가을이 오기 전에 "시 한 편을 마무리"하고자 한다. '가을'은 "마르고 건조한" 조락의 계절이다. 밖보다 안을, 남보다 나를 돌보는 '귀향의 계절'이기도 하다. '겨울'은 마르고 험한 여정에서 돌아오는 계절이다. 앞의 세 계절과 달리 겨울은 할 말이 많은 듯, 입원 이후의 구체적 진술을 동반한다. "무경우"한 행동에 대해 "용서를 빌었"지만, 가식적인 용서는 의미가 없다. "꽃 모양의 싱처"는 진정한 "꽃이 될 수 없"기 때문에 기억은 평생 지워지지 않는 "불멸"이다. 상처는 영원해도 "봄이 오기 전에 미리 호미질"을 한다. 다시 봄을 준비한다. 봄에서 겨울로 계절이 옮겨갈수록 삶의 성찰은 깊어진다. 「호미」 연작은 자연의 순환을 통해 한 생애의 순환을 밀도 있게 그려내고 있다.

이 눈먼 시절이 끝나면 우리는
어떤 인종으로 기록될 것인가.

—「종점」부분

"행복한 시간의 배후"에서 "마음에 가득 찬"(「거짓말의 거짓말」) 독毒을 인지한 시인은 행복과 불행의 동기와 결과에 대해 생각한다. 시인에게 불행은 개인 차원에 국한되지 않고, 세월호나 이태원 참사 같은 사회적 슬픔과 연결되어 있다. 행복은 산책이나 여행 같은 소소한 일상의 여유뿐 아니라 사회적 슬픔을 기억하는 윤리적 태도에서 온다. 인간의 활동이 지구 환경을 바꾸는 지질시대를 이르는 "인류세"(이하 「시간의 색채」), "창조와 파괴를 반복"하는 사이에 인간은 어느새 종점 가까이 와 있다. 시간과 공간에서조차 순환을 허락하지 않는 종착이다. 더 이상 앞으로 나아갈 수 없는 종점에 행복과 불행처럼 서로 다른 성향의 사람들이 모여 있다. 앞에 "방패를 쌓"(이하 「종점」)아 남을 공격하기보다 방어에 치중하거나 함께 어울려 살기 위해 "벽을 허무는 사람", 아픔을 밖으로 드러내거나 혼자 삭이는 사람, 미움을 직설적으로 표시하거나 에둘러 말하는 사람, 가진 것에 얽매이거나 베푸는 사람. '시간의 속도'와 '시즌의 순환성'에 편승한 시인은 "우리는 지금 어디에 있는"가에 대한 존재론적인 질문을 던진다. 쉽게 답할 수도 없는 난해한 질문이다.

하여 시인은 낯설고도 낯익은 풍경을 가만히 지켜보기로 한다.

특별히 드러날 것 없지만, 지극히 평범한 일상의 회복을 위하여. 그런 평범한 삶이 유지되는 세상이 '유토피아'가 아닐까. "이 눈먼 시절이 끝나면 우리는/ 어떤 인종으로 기록될 것인가." "세상은 보려는 자의 것"(「작은 새」)이다. "깨어날 시간"(「아직도 자니?」)이다. 이제 "시詩의 집에 앉아/ 사람의 기록장"(「시간의 색채」)을 펼치자. 시인은 기록하는 자가 아니던가.

현대시세계 시인선 187
우리는 얼마나 오래 우리를 기억할까

지은이_ 김점미
펴낸이_ 조현석
기   획_ 김정수, 우대식
펴낸곳_ 북인
디자인_ 푸른영토

1판 1쇄_ 2025년 12월 15일
출판등록번호_ 313 - 2004 - 000111
주소_ 121 - 842 서울 마포구 서교동 460 - 34, 501호
전화_ 02 - 323 - 7767
팩스_ 02 - 323 - 7845

ISBN 979-11-6512-187-7   03810
ⓒ김점미, 2025

본 도서는 ▌부산광역시, 부산문화재단 〈부산문화예술지원사업〉으로
지원을 받았습니다.

책값은 뒤표지에 있습니다.
저자와 협의 아래 인지를 생략합니다.

이 책의 글과 그림에 관한 저작권은 저자와 출판사에 있습니다.
저자 허락과 출판사 동의 없이 내용의 일부를 인용, 발췌를 금합니다.